经典古诗

中华传统文化经典读本【中学版】

韩星 主编

化学工业出版社
·北京·

内容提要

古代诗歌是我国传统文学的重要内容,同时也是中学生思想品德教育的重要载体之一。本书选取汉、三国、晋、唐、宋、明、清代经典古诗,并结合现今青少年的成长、认知特点,分为诵经典、读注释、看译文等内容,力争使注释、译文更容易让学生理解,明白更多的生活智慧。本书适合中学生及其教师、家长阅读。

图书在版编目(CIP)数据

经典古诗:中学版/韩星主编.—北京:化学工业出版社,2019.8
(中华传统文化经典读本)
ISBN 978-7-122-34588-2

Ⅰ.①经… Ⅱ.①韩… Ⅲ.①古典诗歌-中国-中学-教学参考资料 Ⅳ.①G634.303

中国版本图书馆CIP数据核字(2019)第102784号

责任编辑:曾照华 美术编辑:王晓宇
责任校对:边 涛 装帧设计:芊晨文化

出版发行:化学工业出版社(北京市东城区青年湖南街13号 邮政编码100011)
印 装:大厂聚鑫印刷有限责任公司
880mm×1230mm 1/32 印张5 字数102千字 2020年10月北京第1版第1次印刷

购书咨询:010-64518888   售后服务:010-64518899
网   址:http://www.cip.com.cn
凡购买本书,如有缺损质量问题,本社销售中心负责调换。

定 价:19.80元   版权所有 违者必究

Preface

　　中华优秀传统文化是中华民族的突出优势，中华民族伟大复兴需要以中华文化发展繁荣为条件，必须大力弘扬中华优秀传统文化，深入挖掘中华优秀传统文化讲仁爱、重民本、守诚信、崇正义、尚和合、求大同的时代价值。

　　"少年强则中国强"，青少年是祖国的希望和未来，青少年也承担着中华民族伟大复兴的使命。青少年对于知识有着强烈的渴求与质疑，同样也有着丰富的想象力和良好的记忆力。青少年阶段正处在世界观、人生观和价值观形成的关键时期，更需要优秀的传统文化的引导。

　　根据中学生的认知特点和成长规律，我们编写了"中华传统文化经典读本（中学版）"丛书，《经典古诗》为其中一分册。古代诗歌是我国传统文学发展的重要内容，同时也是中学生思想品德教育的重要载体之一。诗中蕴含着丰富思想品德教育资源和价值。它将爱国主义教育内容、道德教育内容、人生观教育内容、价值观教育内容、心理健康教育内容等融入写景、言情、咏史等体裁的作品之中，运用丰富的诗歌形式表达出来，达到了以诗化人的良好效果。

　　本书选取汉、三国、晋、唐、宋、明、清代经典古诗。诗中包纳乐观、朝气，也有自省、反思的色彩，选取的经典诗目更是具有跨越时代的影响力。当前,我国的教育正处于向素质教育转轨的阶段,望本书能在古典诗词教学中辅助加强对青少年学生情感的培养,不仅陶冶学生的文化情操,更能让学生在秦关汉月唐山宋水的洗礼中成就美好人生。

本书在编写过程中,得到了徐越、岳敏、区卫团、郑彬、袁飞大力帮助,在此一并表示感谢。

由于时间仓促和我们的水平有限,不妥和疏漏之处在所难免,请各位同仁和读者批评指正。

编者
2020 年 4 月

目录 Contents

1. 送杜少府之任蜀州 ………1
2. 滕王阁诗 ………3
3. 从军行 ………5
4. 登幽州台歌 ………7
5. 望洞庭湖赠张丞相 ………9
6. 早寒江上有怀 ………11
7. 过故人庄 ………13
8. 竹里馆 ………15
9. 送元二使安西 ………17
10. 使至塞上 ………19
11. 行路难（其一）………21
12. 早发白帝城 ………23
13. 宣州谢楼饯别校书叔云 ………25
14. 闻王昌龄左迁龙标遥有此寄 ………27
15. 渡荆门送别 ………29
16. 月下独酌 ………31
17. 送友人 ………33
18. 蜀道难 ………35
19. 峨眉山月歌 ………39
20. 春夜洛城闻笛 ………41
21. 望岳 ………43
22. 春望 ………45
23. 江南逢李龟年 ………47
24. 登高 ………49
25. 咏怀古迹（其三）………51
26. 石壕吏 ………53
27. 茅屋为秋风所破歌 ………55
28. 羌村三首（其三）………59
29. 登楼 ………61
30. 秋兴八首（其一）………63
31. 雁门太守行 ………65
32. 早春呈水部张十八员外 ………67

33. 左迁至蓝关示侄
    孙湘……………………69
34. 江雪……………………71
35. 游子吟…………………73
36. 逢入京使………………75
37. 白雪歌送武判官
    归京……………………77
38. 走马川行奉送封大夫出
    师西征…………………79
39. 月夜……………………81
40. 秋词……………………83
41. 酬乐天扬州初逢席上
    见赠……………………85
42. 钱塘湖春行……………87
43. 大林寺桃花……………89
44. 观刈麦…………………91
45. 望月有感………………93
46. 赤壁……………………95
47. 泊秦淮…………………97
48. 无题……………………99
49. 锦瑟……………………101
50. 马嵬（其二）…………103
51. 夜雨寄北………………105
52. 商山早行………………107

53. 野望……………………109
54. 次北固山下……………111
55. 黄鹤楼…………………113
56. 送灵澈上人……………115
57. 观沧海…………………117
58. 涉江采芙蓉……………119
59. 归园田居（其三）……121
60. 饮酒（其五）…………123
61. 赠从弟（其二）………125
62. 观书有感………………127
63. 游山西村………………129
64. 饮湖上初晴后雨
    （其二）………………131
65. 登飞来峰………………133
66. 过零丁洋………………135
67. 过松源晨炊漆公店……137
68. 约客……………………139
69. 别云间…………………141
70. 论诗……………………143
71. 己亥杂诗（其五）……145
72. 所见……………………147
73. 独秀峰…………………149
74. 新雷……………………151

王勃：字子安，古绛州龙门（今山西河津）人，他才华出众，与杨炯、卢照邻、骆宾王并称"初唐四杰"。

1. 送杜少府之任蜀州

王勃

城阙辅三秦①，风烟望五津②。

与君离别意，同是宦游人。

海内存知己，天涯若比邻。

无为③在歧路，儿女共沾巾。

注释

① 三秦：这里泛指秦岭以北、函谷关以西的广大地区。项羽灭秦以后，把战国时期的秦国故地分为三部分，分封给秦朝的三个降将，所以称"三秦"。

② 五津：指岷江的五个渡口，白华津、万里津、江首津、涉头津、江南津。

③ 无为：无须，不必。

译文

古代的三秦之地,守卫着都城长安,它与烽烟弥漫的岷江渡口遥遥相望。此刻就要和你离别,我的心中有许多感想,我们都是在外漂泊做官的人。但四海之内只要有你这个知心朋友,即使远在天涯也如同近邻一样。所以,虽然我们就要离别两地,但也不必像那些小儿女一样过于伤感,任由泪水打湿衣衫。

赏析

本诗是王勃在长安的时候写的。"少府"是唐代对县尉的通称。有位姓杜的少府将去四川上任,王勃在长安相送,临别时赠给他这首诗。王勃被唐高宗怒逐出府,是王勃27年短暂人生中的第一次低谷,所以诗中会写"同是宦游人"。

2. 滕王阁[①]诗

王勃

滕王高阁临江[②]渚，佩玉鸣鸾[③]罢歌舞。

画栋朝飞南浦[④]云，珠帘暮卷西山雨。

闲云潭影日悠悠，物换星移几度秋。

阁中帝子今何在？槛[⑤]外长江空自流。

注释

① 滕王阁：位于今江西南昌赣江东岸，与湖南岳阳楼、湖北黄鹤楼并称江南三大名楼。

② 江：指赣江。

③ 佩玉鸣鸾：身上佩戴的玉饰、响铃。

④ 南浦：地名，在南昌市西南。

⑤ 槛：栏杆。

 **译文**

　　巍峨高耸的滕王阁俯临着江心的沙洲,佩玉无声、鸾铃寂寂,停止了歌舞。早晨,画栋飞上了南浦的云;傍晚,珠帘卷入了西山的雨。悠闲的彩云影子倒映在江水中,整天悠悠然地漂浮着,时光易逝,人事变迁,不知已经度过几个春秋。昔日游赏于高阁中的滕王如今无处可觅,只有那栏杆外的滔滔江水空自向远方奔流。

赏析

　　本诗展现了滕王阁高远的气势和赣江一带的景色。诗人回忆滕王阁当年的繁华,如今却是物换星移,面对世间的盛衰无常,不禁感慨万千。

杨炯：华阴（今属陕西）人，初唐四杰之一。杨炯在11岁时就被举为神童，后应制举及第。杨炯文学才华出众，现存诗以五言见长，多边塞征战诗篇，气势轩昂，风格豪放，表现了为国立功的战斗精神。杨炯的诗对仗工整，音韵合律，既有律诗的严谨之风，又有乐府诗的明快特色。

3. 从军行

杨炯

烽火照西京①，心中自不平。

牙璋②辞凤阙③，铁骑绕龙城。

雪暗凋旗画，风多杂鼓声。

宁为百夫长，胜作一书生。

① 西京：长安。

② 牙璋：古代发兵时所用的兵符，分为两块，相合处呈牙状，朝廷和主帅各执其半。指代奉命出征的将帅。

③凤阙：阙名。汉建章宫的圆阙上有金凤,故以凤阙指皇宫。

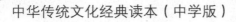

烽火照耀京都长安,不平之气油然而生。辞别皇宫,将军手执兵符而去；围敌攻城,精锐骑兵勇猛异常。大雪纷飞,军旗黯然失色；狂风怒吼,夹杂咚咚战鼓。我宁愿做个下级军官上战场,也比做一个手无寸铁之力的书生强。

这首短诗写出书生投笔从戎,出塞参战的全过程。首先,诗人对整个过程中最有代表性的片段作了形象概括的描写,至于书生是怎样投笔从戎的,他又是怎样告别父老妻室的,一路上行军的情况怎样,诗人一概略去不写。其次,本诗采取了跳跃式的结构,从一个典型场景跳到另一个典型场景,跳跃式地发展前进。如第三句刚写了辞京,第四句就已经包围了敌人,接着又展示了激烈战斗的场面。然而这种跳跃是十分自然的,每一个跨度之间又给人留下了丰富的想象余地。同时,这种跳跃式的结构使诗歌具有明快的节奏,有力地突出书生强烈的爱国激情和将士们气壮山河的精神面貌。

陈子昂：唐代文学家，初唐诗文革新人物之一。字伯玉，汉族，梓州射洪（今属四川）人。因曾任右拾遗，后世称为陈拾遗。陈子昂生性耿直，关怀天下，直言敢谏，一度遭到当权者的排斥和打击。解职归乡后受人所害，忧愤而死。因此他的诗歌苍劲质朴，慷慨深沉。

4. 登幽州台歌

陈子昂

前不见古人，

后不见来者。

念天地之悠悠①，

独怆然②而涕下！

① 悠悠：形容时间的久远和空间的广大。
② 怆然：伤感悲痛的样子。

译文

向前望去,不见古代尊贤的圣王;向后看去,不见后来求才的明君。想到这天地广阔,宇宙浩茫,唯我一人,孤独、悲伤、凄凉。想到这悲寂苦闷的境遇,我不禁感伤而涕泪横流。

赏析

这是一首吊古伤今的诗歌。"前不见古人,后不见来者"中的"古人"和"来者",都是指像燕昭王和郭隗那样礼贤下士、重用人才的明君和贤臣。这首诗深刻地表现了诗人因怀才不遇而孤寂郁闷的心情。

孟浩然：襄州襄阳（今湖北襄阳）人，世称孟襄阳。前半生主要居家侍亲读书，曾隐居鹿门山。四十岁游京师，与张九龄、王维、王昌龄等诗人交谊甚笃，后应进士不第，返襄阳，周游吴越，穷极山水，以排遣仕途的失意。

公元740年，王昌龄游襄阳，当时，孟浩然患有"发背"（即背痈，一种生于背部的毒疮），将要治愈了，医生嘱咐他不要吃鱼鲜。孟浩然设宴款待王昌龄等老朋友，纵情宴饮，抵制不住美味佳肴的诱惑，结果，王昌龄还没离开襄阳，孟浩然就因为吃鱼病发而死。有《孟浩然集》，存诗二百余首。孟浩然诗歌绝大部分为五言短篇，题材不宽，多写山水田园和隐逸、行旅等内容。

5. 望洞庭湖赠张丞相①

孟浩然

八月湖水平，涵虚混太清②。

气蒸云梦泽③，波撼岳阳城。

欲济④无舟楫，端居耻圣明。

坐观垂钓者，徒有羡鱼情。

① 张丞相：张九龄。世称"张曲江"或"文献公"，是一

位有胆识、有远见的著名政治家、文学家、诗人、名相。他忠耿尽职，秉公守则，直言敢谏，选贤任能，不徇私枉法，不趋炎附势，敢与恶势力作斗争，为"开元之治"作出了积极贡献。

②涵虚混太清：包容天空，与天混同，形容湖水与天空浑然一体。

③云梦泽：古代大湖名，在现在湖北、湖南省的交界处，洞庭湖是它南部的一角。

④济：渡。

八月的洞庭湖水，涨到与堤岸一样齐平。湖水与蓝天浑然一体。云梦泽里烟波茫茫，波涛汹涌似乎要将岳阳城撼动。我想渡过洞庭湖却没有船和桨，隐居起来又无所事事，实在愧对贤明的君主。看看在湖上垂钓的人悠闲自得，我只有白白羡慕人家的份了。

赏析

张九龄也是著名的诗人，官至中书令，为人正直。孟浩然想进入政界，实现自己的理想，希望有人能给予引荐。他在入京应试之前写这首诗给张九龄，就含有这层意思。诗的前半部分写洞庭湖壮丽的景象和磅礴的气势，后半部分是借此抒发自己的政治热情和希望。这首诗把洞庭湖的景致写得有声有色，生气勃勃，暗喻诗人正当年富力强，愿为国家效力，做一番事业。这是经典写景诗的妙用。

6. 早寒江上有怀

孟浩然

木落雁南度,北风江上寒。

我家襄水曲①,遥隔楚云端②。

乡泪客中尽,孤帆天际看。

迷津③欲有问,平海夕漫漫。

① 襄水曲:在汉水的转弯处。襄水:汉水流经襄阳(今属湖北)境内的一段。曲:江水曲折转弯处。

② 楚云端:长江中游一带云的尽头。云:一作"山"。

③ 迷津:迷失道路。津:渡口。

树叶飘落,大雁南飞,北风萧瑟,江上分外寒冷。我家在曲曲弯弯襄水边,远隔楚天云海迷迷茫茫。思乡的眼泪在旅途流尽,看

归来的帆在天边徜徉。风烟迷离,渡口在何处?茫茫江水在夕阳下荡漾。

赏析

这是一首怀乡思归的抒情诗,诗人的情感十分纠结。孟浩然既美慕田园生活,有意归隐,但又想求官做事,以展宏图。这种矛盾就构成了诗的内容。最后以景作结,把思归的哀情和前路茫茫的愁绪都寄寓在迷茫的黄昏江景中。

7. 过故人庄

孟浩然

故人具^①鸡黍^②，邀我至田家。

绿树村边合，青山郭外斜。

开轩面场圃，把酒话桑麻^③。

待到重阳日，还来就菊花^④。

① 具：准备，置办。
② 鸡黍：指农家待客的丰盛饭食。
③ 话桑麻：闲谈农事。桑麻：桑树和麻，这里泛指庄稼。
④ 就菊花：指饮菊花酒，也是赏菊的意思。就：靠近，指去做某事。

老朋友准备了丰盛的饭菜招待，邀请我到他的田舍做客。翠绿

的树林围绕着村落，一脉青山在城郭外隐隐横斜。我们推开窗户，面对谷场菜园，共饮美酒，闲谈农务。等到九九重阳节到来时，我还要来这里欣赏菊花。

赏析

这是一首描写农家恬静、闲适生活的田园诗，表达了与老友的情谊，也表达了作者对这种田园生活的向往。全诗以亲切简洁的语言，如话家常的形式，写了从拜访到告别的过程。

经典古诗

王维：字摩诘，有"诗佛"之称。王维是盛唐诗人的代表，并精通佛学，受禅宗影响很大。佛教有一部《维摩诘经》，是王维名和字的由来。王维诗书画都很有名，非常多才多艺，音乐也很精通。与孟浩然合称"王孟"。

王维

独坐幽篁[2]里，

弹琴复长啸[3]。

深林人不知，

明月来相照。

① 竹里馆：辋川别墅的胜景之一。

② 幽篁：幽深的竹林。

③ 啸：撮口发出长而清越的声音。

译文

我独自坐在竹林幽深处,一边弹奏古琴,一边高声吟唱。没有人知道我在竹林深处,唯有那一轮明月相伴静静照耀。

赏析

《竹里馆》作于王维晚年隐居蓝田辋川时期。王维早年信奉佛教,思想超脱,加之仕途坎坷,四十岁以后就过着半官半隐的生活。正如他自己所说:"晚年惟好静,万事不关心。"在幽深的竹林中,明月可爱、琴声悠扬,人在自然里,自然在我心。此诗写出了作者幽居山林的情趣。诗歌遣词造句简朴,传达出诗人宁静、淡泊的心情。

9. 送元二使安西①

王维

渭城②朝雨浥③轻尘,

客舍青青柳色新。

劝君更尽一杯酒,

西出阳关④无故人。

注释

① 安西：唐代设安西都护府，在今新疆境内。

② 渭城：秦时的咸阳城，位于唐朝都城长安西北，渭水北岸。

③ 浥：湿润。

④ 阳关：古关口名，旧址在今甘肃境内，为古时中原连通西域的要道。

译文

清晨的一场春雨,把咸阳城的空气洗涤得格外清新,尘土被雨水打落,旅店边的杨柳更显青翠。你就要上路了,请再饮一杯酒吧,向西出了阳关后,可就很难再见到老朋友了。

赏析

这是一首非常著名的送别诗,曾被谱曲传唱,称为"阳关三叠"。诗中把深沉的情感融入平淡的话语中,更增添了感人的力量,成为千古传诵的名句。这首诗所描写的是一种最有普遍性的离别,它没有特殊的背景,而自有深挚的惜别之情,这就使它适合于绝大多数离筵别席演唱,后来编入乐府。

10. 使至塞上[1]

王维

单车[2]欲问边[3]，属国[4]过居延。

征蓬[5]出汉塞，归雁[6]入胡天[7]。

大漠[8]孤烟直，长河落日圆。

萧关[9]逢候骑[10]，都护[11]在燕然[12]。

注释

① 使至塞上：奉命出使边塞。使：出使。

② 单车：一辆车，这里形容这次出使时随从不多。

③ 问边：到边塞去察看，指慰问守卫边疆的官兵。

④ 属国：汉代称负责外交事务的官员为典属国，苏武归汉后即授典属国官职。

⑤ 征蓬：随风飘飞的蓬草，此处为诗人自喻。

⑥ 归雁：雁是候鸟，春天北飞，秋天南行，这里是指大雁北飞。

⑦ 胡天：胡人的领空。这里是指唐军占领的北方地区。

⑧ 大漠：沙漠，此处大约是指凉州之北的沙漠。

⑨ 萧关：古关名，又名陇山关，故址在今宁夏固原东南。

⑩候骑：负责侦察的骑兵。

⑪都护：唐朝在西北边疆置安西、安北等六大都护府，其长官称都护，每府派大都护一人，副都护二人，负责辖区一切事务。这里指前敌统帅。

⑫燕然：燕然山，即今蒙古国境内杭爱山。东汉窦宪北破匈奴，曾于此刻石记功。这里代指前线。

译文

乘单车想去慰问边关，路经的属国已过居延。千里飞蓬也飘出汉塞，北归大雁正翱翔云天。浩瀚沙漠中孤烟直上，无尽黄河上落日浑圆。到萧关遇到负责侦察的骑兵，告诉我都护已在燕然。

赏析

此诗描绘了塞外奇特壮丽的风光，表现了诗人对不畏艰苦、以身许国的守边战士的爱国精神的赞美，也表达了自己内心的激愤和抑郁。诗人把笔墨重点用在了他最擅长的方面——写景。作者出使恰在春天，途中见数行归雁北翔，诗人即景设喻，用归雁自比，既叙事，又写景，一笔两到，贴切自然，把自己的孤寂情绪巧妙地融汇到自然景象的描绘中。

李白：字太白，号青莲居士，唐朝浪漫主义诗人，被后人誉为"诗仙"，与杜甫并称为"李杜"。李白深受黄老列庄思想影响，有《李太白集》传世，诗作中多以醉时所作，就其开创意义及艺术成就而言，享有极为崇高的地位。

 11. 行路难（其一）

李白

金樽清酒斗十千，玉盘珍羞①直②万钱。

停杯投箸③不能食，拔剑四顾心茫然。

欲渡黄河冰塞川，将登太行雪满山。

闲来垂钓碧溪上，忽复乘舟梦日边。

行路难！行路难！多歧路，今安在？

长风破浪会有时，直挂云帆济④沧海。

注释

① 珍羞：珍贵的佳肴。羞，通"馐"，美味的食物。

② 直：通"值"，价值。

③ 投箸：掷下筷子。

④ 济：渡。

中华传统文化经典读本（中学版）

译文

　　金杯里的醇厚美酒，桌上的美味佳肴，每一种都价值不菲。我却放下酒杯，扔掉筷子，难以下咽。拔剑四望，心中茫然不知去向何处。想渡黄河，冰凌阻塞了河流；欲登太行，大雪掩盖了山峦。空闲时想学姜太公在碧绿的溪水边钓鱼，忽然又像伊尹一样梦见乘舟从日边经过。世上的路啊，多么难走，歧路如此之多啊，如今的我身在何处？相信有一天我能乘长风破浪，高高挂起云帆，渡过茫茫大海！

赏析

　　公元742年（天宝元年秋），李白奉诏入京，担任翰林供奉。李白本是个积极入世的人，被世人称作"诗仙"。他才高志大，很想像管仲、张良、诸葛亮等一样干一番大事业。可是入京后，却没被唐玄宗重用，还受到权臣的谗毁排挤，两年后被"赐金放还"，变相撵出了长安。李白被逼出京，朋友们都来为他饯行，求仕无望的他深感仕路的艰难，满怀愤慨写下了此篇《行路难》。本诗以"行路难"比喻世道险阻，抒写了诗人在政治道路上遭遇艰难时产生的不可抑制的激愤情绪，但他并未因此而放弃自己的政治理想，仍盼着总有一天会施展抱负，表现了诗人对人生前途乐观的态度，充满了积极进取的精神。

12. 早发白帝城

李白

朝辞白帝[1]彩云间,

千里江陵[2]一日还。

两岸猿声啼不住,

轻舟已过万重山。

注释

① 白帝:白帝城,在今重庆奉节县白帝山上。

② 江陵:今湖北荆州。

译文

早晨辞别彩云缭绕的白帝城,出发前去江陵。顺江而下,千里之遥只需一天就可以到达。长江两岸猿猴的叫声还在峡谷间不停回荡,一叶轻舟已经翻越过了万重青山。

赏析

李白曾被流放到夜郎，经过白帝城时，诗人收到自己获赦的消息。他惊喜交加，立即坐船下江陵。因此，全诗洋溢的是诗人经过艰难岁月之后突然迸发的一种激情。

13. 宣州谢朓楼饯别校书叔云

李白

弃我去者,昨日之日不可留;

乱我心者,今日之日多烦忧。

长风万里送秋雁,对此可以酣高楼。

蓬莱文章①建安骨②,中间小谢③又清发。

俱怀逸兴壮思飞,欲上青天览明月。

抽刀断水水更流,举杯消愁愁更愁。

人生在世不称意,明朝散发弄扁舟。

注释

① 蓬莱文章:指文章繁富。蓬莱,此指东汉时藏书处东观,形容东观藏书之多。

② 建安骨:汉末建安年间,"三曹"和"七子"等作家所作之诗以风骨遒劲而著称,后人称之为"建安风骨"。

③ 小谢:指谢朓,字玄晖,南朝齐诗人。后人将他和谢灵运并列,称他为"小谢"。这里用以自喻。

译文

弃我而去的昨日,早已不可挽留。乱我心思的今日,令人烦忧多多。万里长风,送走行行秋雁。面对美景,正可酣饮高楼。先生的文章正有建安风骨,又不时流露出小谢诗风的清秀。你我兴致勃勃,想上青天揽住明月。抽刀切断水流,水波奔流更畅;举杯想要消愁,愁思更加浓烈。人生在世,无法称心如意,不如明天就披头散发,驾着扁舟江湖漂流。

赏析

李白在长安因被谗毁而离开朝廷,内心十分愤慨,又开始了周游生活。在753年(天宝十二年)的秋天,李白来到宣州,他的一位官为校书郎的族叔李云将要离去,他为饯别李云而写成此诗。全诗慷慨、豪放,抒发了诗人怀才不遇的愤懑,表达了对黑暗社会的强烈不满和对光明世界的执著追求。

14. 闻王昌龄左迁①龙标②遥有此寄

李白

杨花落尽③子规④啼,

闻道龙标⑤过五溪。

我寄愁心与明月,

随风⑥直到夜郎⑦西。

注释

① 左迁:贬谪,降职。古人尊右卑左,因此把降职称为左迁。
② 龙标:唐代县名。
③ 杨花落尽:一作"扬州花落"。杨花:柳絮。
④ 子规:即杜鹃鸟,相传其啼声哀婉凄切。
⑤ 龙标:诗中指王昌龄,古人常用官职或任官之地的州县名来称呼一个人。
⑥ 随风:一作"随君"。
⑦ 夜郎:古代少数民族国名,辖境主要在贵州西部。

译文

在杨花落完、子规啼鸣的时候,听说你路过五溪。我把我忧愁的心思寄托给明月,希望能随着风一直陪着你到夜郎以西。

赏析

根据《新唐书·文艺传》记载,王昌龄被贬官是因为"不护细行",也就是说,只是由于生活小节不够检点。在《芙蓉楼送辛渐》中,王昌龄也对他的好友说:"洛阳亲友如相问,一片冰心在玉壶。"以此来表明自己的纯洁无辜。李白在听到他的不幸遭遇以后,写了这一首充满同情和关切的诗篇,从远道寄给他。

15. 渡荆门①送别

李白

渡远②荆门外,来从楚国③游。

山随平野④尽,江⑤入大荒流。

月下飞天镜⑥,云生结海楼⑦。

仍怜故乡水⑧,万里⑨送行舟。

① 荆门:山名,位于今湖北省宜都市西北长江南岸,与北岸虎牙山对峙,地势险要,自古即有楚蜀咽喉之称。

② 远:远自。

③ 楚国:楚地,指湖北一带,春秋时期属楚国。

④ 平野:平坦广阔的原野。

⑤ 江:长江。

⑥ 月下飞天镜:明月映入江水,如同飞下的天镜。

⑦ 海楼:海市蜃楼,这里形容江上云霞的美丽景象。

⑧ 故乡水:指从四川流来的长江水。因李白从小生活在四

川,故把四川称作故乡。

⑨ 万里:喻行程之远。

译文

乘船远行,路过荆门一带,来到楚国故地。青山渐渐消失,平野一望无边。长江滔滔奔涌,流入广袤荒原。月映江面,好似天上飞来的明镜;云彩升起,变幻无穷,结成了海市蜃楼。故乡之水恋恋不舍,不远万里送我行舟。

赏析

这是一首写景诗,记录了李白由水路乘船远行,经巴渝,出三峡,直向荆门山之外驶去,目的是到湖北、湖南一带楚国故地游览。

这时候的青年李白兴致勃勃,坐在船上沿途纵情观赏巫山两岸高耸云霄的峻岭,一路看来,眼前景色逐渐变化,船过荆门一带,已是平原旷野,视域顿然开阔,别是一番景色。本诗抒发了作者初出荆门时的喜悦、激动的心情,含蓄地表达了作者对故乡的依恋之情。

16. 月下独酌

李白

花间一壶酒,独酌无相亲①。

举杯邀明月,对影成三人。

月既不解饮,影徒随我身。

暂伴月将影,行乐须及春。

我歌月徘徊,我舞影零乱。

醒时相交欢,醉后各分散。

永结无情游②,相期邈云汉③。

注释

① 无相亲:没有亲近的人。

② 无情游:忘情游,摆脱世俗、不计得失利害的交往。

③ 云汉:天河,泛指天空。

译文

在花丛中摆上一壶美酒,我自斟自饮,身边没有一个亲友。举杯向天,邀请明月,与我的影子相对,便成了三人。明月既不能理解开怀畅饮之乐,影子也只能默默地跟随在我的左右。暂且以明月影子相伴,趁此春宵要及时行乐。我唱歌月亮徘徊不定,我起舞影子飘前飘后。清醒时我与你一同分享欢乐,酒醉以后各奔东西。我愿与他们永远结为忘情之友,相约在茫茫的天河中。

赏析

这首诗是李白于天宝三年在长安写的。当年三月,李白自知不为朝廷所用,上书请还,玄宗赐金,离长安而去。此诗应是写于这段时间。原诗共四首,此是第一首。此诗写诗人在月夜花下独酌,无人亲近的冷落情景。此诗取名于"月下独酌",包含李白最喜爱的两个意象,即月和酒,而二者均有孤独、不得志、愁闷之意蕴。这首诗以丰富、奇特的想象,一波三折地描写明月、身影与自己"成三人"的情况,反映了诗人政治上失意、受人排斥的孤独与愤懑。

17. 送友人

李白

青山横北郭①,白水②绕东城。

此地一③为别④,孤蓬⑤万里征⑥。

浮云游子意⑦,落日故人情。

挥手自兹⑧去,萧萧⑨班马⑩鸣。

注释

① 郭:古代在城外修筑的一种外墙。

② 白水:清澈的水。

③ 一:助词,加强语气。

④ 别:告别。

⑤ 蓬:古书上说的一种植物,干枯后根株断开,遇风飞旋,也称"飞蓬"。诗人用"孤蓬"喻指远行的朋友。

⑥ 征:远行。

⑦ 浮云游子意:比喻游子的心意像浮云一样飘忽不定。

⑧ 兹:此。

⑨ 萧萧:马的嘶叫声。

⑩ 班马：离群的马，这里指载人远离的马。班：分别，离别，一作"斑"。

译文

青翠的山峦横卧在城墙的北面，清澈的流水围绕着城的东边。在此地我们相互道别，你就像孤蓬那样随风飘荡，到万里之外远行去了。浮云像游子一样行踪不定，夕阳徐徐下山，似乎有所留恋。挥挥手从此分离，友人骑的那匹将要载他远行的马萧萧长鸣，似乎不忍离去。

赏析

《送友人》为李白的名篇之一。这首送别诗写得新颖别致，不落俗套。诗中青翠的山岭、清澈的流水、火红的落日、洁白的浮云，相互映衬，色彩璀璨，寓情于景。班马长鸣，形象新鲜活泼。自然美和人情美交织在一起，写得有声有色，气韵生动。诗的节奏明快，感情真挚而又豁达乐观，毫无缠绵悱恻的哀伤情调。这也正是李白送别诗的特色，至情而又洒脱。

18. 蜀道难

李白

噫吁嚱①，危乎高哉！蜀道之难，难于上青天！蚕丛及鱼凫②，开国何茫然！尔来四万八千岁，不与秦塞通人烟。西当太白有鸟道③，可以横绝峨眉巅。地崩山摧壮士死，然后天梯石栈相钩连。上有六龙回日之高标，下有冲波逆折之回川④。黄鹤⑤之飞尚不得过，猿猱欲度愁攀援。青泥⑥何盘盘，百步九折萦岩峦。扪参历井⑦仰胁息，以手抚膺坐长叹。

问君西游何时还？畏途巉岩⑧不可攀。但见悲鸟号古木，雄飞雌从绕林间。又闻子规啼夜月，愁空山。蜀道之难，难于上青天，使人听此凋朱颜！连峰去天不盈尺，枯松倒挂倚绝壁。飞湍瀑流争喧豗，砯崖⑨转石万壑雷。其险也如此，嗟尔远道之人胡为乎来哉！

剑阁⑩峥嵘而崔嵬，一夫当关，万夫莫开。所守或匪亲，

化为狼与豺。朝避猛虎,夕避长蛇;磨牙吮血,杀人如麻。锦城⑪虽云乐,不如早还家。蜀道之难,难于上青天,侧身西望长咨嗟!

注释

① 噫吁嚱:三字都是惊叹词。

② 蚕丛及鱼凫:传说中古蜀国两位国王的名字。

③ 鸟道:指连绵高山间的低缺处,只有鸟能飞过,人迹所不能至。

④ 回川:有漩涡的河流。

⑤ 黄鹤:黄鹄(hú),善飞的大鸟。

⑥ 青泥:青泥岭,在今陕西略阳境内。

⑦ 扪参历井:山高入天,人在山上,可以用手触摸星星,甚至要从它们中间穿过。

⑧ 巉(chán)岩:高而险的山岩。

⑨ 砯崖:水撞石之声。砯:水冲击石壁发出的响声,这里作动词用,冲击的意思。

⑩ 剑阁:指今四川剑阁县北的大剑山、小剑山,群山如剑插天,两山如门,极为险要。

⑪ 锦城:今四川成都市。

译文

　　唉呀呀！多么高峻伟岸！蜀道真太难攀登，简直难于上青天！传说中蚕丛和鱼凫建立了蜀国，开国的年代实在久远无法详谈！自从那时至今约有四万八千年，秦蜀被秦岭所阻从不沟通往返。西边太白山高峻无路只有飞鸟可通行，此山可以直通峨眉山巅。山崩地裂有壮士被压死了，两地才有天梯栈道开始相通连。上有挡住太阳神六龙车的山巅，下有激浪排空迂回曲折的大川。善于高飞的黄鹤尚且无法飞过，即使猢狲要想翻过也愁于攀援。青泥岭多么曲折，绕着山峦盘旋，百步之内萦绕岩峦转九个弯弯。屏住呼吸仰头过参井皆可触摸，用手抚胸惊恐不已徒长吁短叹。

　　好朋友请问你西游何时回还？可怕的岩山栈道实在难以登攀！只见那悲鸟在古树上哀鸣啼叫，雄雌相随飞翔在原始森林之间。月夜听到的是杜鹃鸟悲惨的啼声，令人愁思绵绵，这荒荡的空山！蜀道真难走，简直难于上青天，叫人听到这些怎么不脸色突变？山峰座座相连离天还不到一尺，枯松老枝倒挂倚贴在绝壁之间。漩涡飞转，瀑布飞泻争相喧闹着，水石碰撞相击像万壑鸣雷一般。那去处恶劣艰险到了这种地步，唉呀呀，你这个远方而来的客人，为了什么而来到这险要的地方？

　　剑阁那地方崇峻巍峨高入云端，只要一人把守千军万马难攻占。驻守的官员若不是自己的近亲，难免要变为豺狼踞此为非造反。清晨你要提心吊胆地躲避猛虎，傍晚你要警觉防范长蛇的灾难；豺狼虎豹磨牙吮血真叫人不安，毒蛇猛兽杀人如麻即令你胆寒。锦官城虽然说是个快乐的所在，如此险恶还不如早早地把家还。蜀道太难走啊，简直难于上青天，侧身西望令人不免感慨与长叹！

赏析

　　一般认为，这首诗很可能是李白于公元742年至公元744年身在长安时为送友人王炎入蜀而写的，目的是规劝王炎不要羁留蜀地，早日回归长安，避免遭到嫉妒小人的不测之手。《蜀道难》是他袭用的乐府古题。他展开丰富的想象，着力描绘了秦蜀道路上奇丽惊险的山川，并从中透露了对社会问题的忧虑与关切。

19. 峨眉山月歌

李白

峨眉山前月半轮秋，

影入平羌①江水流。

夜发清溪②向三峡，

思君不见下渝州③。

注释

①平羌：即青衣江，在峨眉山东北。源出四川芦山，流经乐山汇入岷江。

②清溪：即清溪驿，属四川犍为，在峨眉山附近。

③渝州：今重庆一带。

译文

高峻的峨眉山前，悬挂着半轮秋月，流动的平羌江上倒映着月影。夜间乘船出发，离开清溪直奔三峡。想你却难相见，恋恋不舍去向渝州。

赏析

　　这首诗是李白年轻时的作品。峨眉山是蜀中大山,也是蜀地的代称。李白是蜀人,因此峨眉山月也就是故园之月。此诗是李白初离蜀地时的作品,大约作于开元十三年(725)以前。本诗表达了诗人乍离乡土,对故国、故人恋恋不舍之情。

20. 春夜洛城①闻笛

李白

谁家玉笛暗飞声,

散入春风满洛城。

此夜曲中闻折柳②,

何人不起故园情。

注释

① 洛城:今河南洛阳。

② 折柳:即《折杨柳》笛曲,乐府"鼓角横吹曲"调名,内容多写离情别绪,曲中表达了送别时的哀怨感情。

译文

是谁家精美的笛子暗暗地发出悠扬的笛声,随着春风飘扬,传遍洛阳全城。就在今夜的曲中,听到故乡的《折杨柳》,哪个人的思乡之情不会因此而油然而生呢?

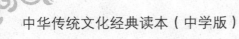

赏析

这首诗是开元二十三年（735年）李白客居洛城所作。李白这首诗写的是闻笛，但它的意义不限于描写音乐，还表达了对故乡的思念，这才是它感人的地方。

杜甫,字子美,自号少陵野老,唐代伟大的现实主义诗人,与李白合称"李杜"。杜甫的思想核心是儒家的仁政思想,他有"致君尧舜上,再使风俗淳"的宏伟抱负。杜甫在中国古典诗歌中的影响非常深远,被后人称为"诗圣",他的诗被称为"诗史"。

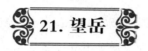

21. 望岳

杜甫

岱宗①夫如何?齐鲁②青未了。

造化③钟神秀,阴阳割昏晓。

荡胸生曾云,决眦④入归鸟。

会当⑤凌绝顶,一览众山小。

注释

① 岱宗:指泰山。

② 齐鲁:齐,指泰山以北地区,春秋时属齐。鲁,指泰山以南地区,春秋时属鲁。

③ 造化：指大自然。
④ 决眦：眼角（几乎）要裂开。决：裂。眦：眼角。
⑤ 会当：终当，终要。

译文

泰山到底是什么样子的？走出了齐鲁大地，仍可以望见它青青的山影。它凝聚了大自然的神奇与秀美，在阳光的照耀下，山峦的南北两界判然分明。山中云雾翻腾，激荡人的心胸；睁大眼睛，想要看清那翩翩的飞鸟。我定要登上那泰山的顶峰，在那里眺望，会感到众山都变得矮小。

赏析

此诗是杜甫青年时代的作品，充满了青年时代的浪漫与激情。诗中描写了泰山雄伟磅礴的景象，抒发了自己勇于攀登、傲视一切的雄心壮志，洋溢着蓬勃向上的朝气。

22. 春望

杜甫

国破山河在①，城春草木深②。

感时花溅泪，恨别鸟惊心。

烽火连三月，家书抵万金。

白头搔更短，浑③欲不胜簪。

① 在：依旧。
② 深：此指因人烟稀少，春天杂草丛生。
③ 浑：简直。

故国沦亡，空留下山河依旧；春天来临，长安城中却荒草深深。感叹时局，看到花开也不由得流下眼泪；怨恨别离，听到鸟鸣也禁不住心中惊悸。战火连绵，如今已是暮春三月；家书珍贵，抵得上万两黄金。痛苦中，我的白发越搔越短，几乎插不上头簪。

赏析

这首诗结构紧凑,围绕"望"字展开,前四句借景抒情,情景结合,再写战事持续了很久,以至于家里音信全无,最后写到自己的哀怨和衰老,层层递进,展示出诗人忧国忧民、感时伤怀的高尚情感。

23. 江南逢李龟年

杜甫

岐王①宅里寻常见,

崔九②堂前几度闻。

正是江南好风景,

落花时节又逢君③。

注释

① 岐王:唐玄宗的弟弟李范,被封为岐王。爱好文学,喜欢结交文士。

② 崔九:崔涤,唐玄宗的宠臣。

③ 君:指李龟年,唐代著名的音乐家,善歌。

译文

当年,在岐王府里常常能见到您,在崔九的家里也多次听到您的歌声。现在正是江南风景最好的时候,在落花时节又重逢您这位老相识。

赏析

李龟年是唐玄宗初年的著名歌手,常在贵族豪门歌唱。杜甫少年时才华卓著,常出入于岐王李范和中书监崔涤的门庭,得以欣赏李龟年的歌唱艺术。本诗前两句是追忆昔日与李龟年的接触,寄寓诗人对开元初年鼎盛的眷怀;后两句是对国事凋零,艺人颠沛流离的感慨。仅仅四句概括了整个开元时期的时代沧桑,人生巨变。

24. 登高

杜甫

风急天高猿啸哀,渚清沙白鸟飞回。

无边落木萧萧①下,不尽长江滚滚来。

万里悲秋常作客,百年②多病独登台。

艰难苦恨繁霜鬓,潦倒③新停浊酒杯。

注释

① 萧萧:树叶落下的声音。

② 百年:一生,一辈子,这里借指晚年。

③ 潦倒:失意。

译文

狂风迅疾,苍天高远,猿猴的叫声十分悲凄;水清沙白的小洲上,只有飞鸟在盘旋。一望无边的树林,叶子纷纷落下;奔流无尽的长江滚滚而来。面对这秋景,我不禁悲叹自己常年漂泊在外,晚年疾病缠身独登这高台。历尽艰辛，白发已越来越多，失意满心偏又暂停了浇愁的酒杯。

赏析

这是一首重阳登高感怀诗。这首诗是56岁的老诗人在极端困窘的情况下写成的。那一天，他独自登上夔州白帝城外的高台，登高临眺，百感交集。于是，就有了这首被誉为"七律之冠"的《登高》。全诗通过诗人登高临眺秋江景色，倾诉了诗人长年漂泊、老病孤愁的复杂感情，动人心弦。

25. 咏怀古迹（其三）

杜甫

群山万壑赴荆门①，生长明妃②尚有村。

一去紫台③连朔漠，独留青冢向黄昏。

画图省识春风面，环佩④空归夜月魂。

千载琵琶作胡语，分明怨恨曲中论。

注释

① 荆门：荆门山，在今湖北宜都西北。

② 明妃：王昭君。晋代因避司马昭的名讳而称"明妃"。

③ 紫台：紫宫，宫廷。

④ 环佩：古人所系的佩玉，多指妇女所佩的玉饰。

译文

群山万壑随着江流之势，仿佛向着荆门奔去，昭君生长的村落至今留存。一离开皇宫，命运就和沙漠连在了一起，最终只留下一座长满青草的坟墓迎着黄昏日暮。皇帝只凭画图，约略地看出宫女的容貌。而那环佩声响，是昭君的魂魄乘着月夜归来故乡。千年琵琶弹奏的一直是胡地的音调，其中分明有怨恨之情从乐曲中抒发出来。

赏析

这是组诗《咏怀古迹》其中的第三首，诗人有感于王昭君的遭遇，寄予了自己深切的同情，同时表现了昭君对故国的思念与怨恨，并赞美了昭君虽死，魂魄还要归来的精神，从中寄寓自己的感慨：怀才不遇，想念家乡。

26. 石壕吏

杜甫

暮投石壕村①,有吏夜捉人。老翁逾墙走,老妇出门看。吏呼一何怒!妇啼一何苦!

听妇前致词:三男邺城②戍。一男附书至,二男新战死。存者且偷生,死者长已矣!室中更无人,惟有乳下孙。有孙母未去,出入无完裙。老妪力虽衰,请从吏夜归。急应河阳役,犹得备晨炊。夜久语声绝,如闻泣幽咽。天明登前途,独与老翁别。

注释

① 石壕村:现名干壕村,在今河南陕县。
② 邺城:即相州,在今河南安阳。

译文

日暮时投宿石壕村,夜里有差役到村子里抓人。老翁越墙逃走,老妇出门查看。官吏大声呼喝是多么愤怒,妇人大声啼哭是多么悲苦。我听到老妇上前说:"我的三个儿子戍边在邺城。其中一个儿子捎信回来,说另外两个儿子刚刚战死。活着的人苟且偷生,死去的人就永远不会回来了!家里再也没有别的男人了,只有正在吃奶的小孙子。因为有孙子在,他母亲还没有离去,但进进出出都没有一件完整的衣服。虽然老妇我年老力衰,但请允许我跟从你连夜赶回营去。立刻就去投向河阳的战役,还来得及为部队准备早餐。"夜深了,说话的声音逐渐消失,隐隐约约听到低微断续的哭泣声。天亮后我继续赶路,只能与返回家中的那个老翁告别。

赏析

这是一首杰出的现实主义的叙事诗,写了差吏到石壕村乘夜捉人征兵,连年老力衰的老妇也被抓服役的故事,揭露了官吏的残暴和兵役制度的黑暗,对安史之乱中人民遭受的苦难深表同情。

27. 茅屋为秋风所破歌

杜甫

八月秋高①风怒号②,卷我屋上三重茅③。茅飞渡江洒江郊,高者挂罥④长⑤林梢,下者飘转沉塘坳⑥。南村群童欺我老无力,忍能对面为盗贼⑦,公然抱茅入竹去⑧,唇焦口燥呼不得⑨,归来倚杖自叹息。俄顷⑩风定云墨色,秋天漠漠向昏黑⑪。布衾⑫多年冷似铁,娇儿恶卧⑬踏里裂⑭。床头屋漏⑮无干处,雨脚如麻⑯未断绝。自经丧乱⑰少睡眠,长夜沾湿何由彻⑱!安得⑲广厦⑳千万间,大庇㉑天下寒士㉒俱㉓欢颜㉔!风雨不动安如山。呜呼㉕!何时眼前突兀㉖见㉗此屋,吾庐㉘独破受冻死亦㉙足㉚!

注释

① 秋高:秋深。
② 怒号:大声吼叫。

③三重茅：几层茅草。三：泛指多。

④挂罥（juàn）：挂着，挂住。罥：挂。

⑤长：高。

⑥塘坳：低洼积水的地方（即池塘）。塘：一作"堂"。坳：水边低地。

⑦忍能对面为盗贼：竟忍心这样当面做"贼"。

⑧入竹去：进入竹林。

⑨呼不得：喝止不住。

⑩俄顷：不久，一会儿，顷刻之间。

⑪秋天漠漠向昏黑：指秋季的天空阴沉迷蒙，渐渐黑了下来。

⑫布衾：布质的被子。衾：被子。

⑬恶卧：睡相不好。

⑭裂：使动用法，使……裂。

⑮屋漏：古代指室内的西北角（古人在此施设小帐，安藏祭祀对象的牌位）。此处指屋子漏水。

⑯雨脚如麻：形容雨点不间断，像下垂的麻线一样密集。雨脚：雨点。

⑰丧乱：战乱，指安史之乱。

⑱何由彻：如何才能挨到天亮。

⑲安得：如何能得到。

⑳广厦：宽敞的大屋。

㉑大庇：全部遮盖、掩护起来。庇：遮盖，掩护。

㉒寒士："士"原指士人，即文化人，但此处泛指贫寒的

士人们。

㉓俱：都。

㉔欢颜：喜笑颜开。

㉕呜呼：书面感叹词，表示叹息，相当于"唉"。

㉖突兀：高耸的样子，这里用来形容广厦。

㉗见：通"现"，出现。

㉘庐：茅屋。

㉙亦：一作"意"。

㉚足：值得。

译文

八月里秋深，狂风怒号，狂风卷走了我屋顶上好几层茅草。茅草乱飞，渡过浣花溪，散落在对岸江边。飞得高的茅草缠绕在高高的树梢上，飞得低的飘飘洒洒沉落到池塘和洼地里。南村的一群儿童欺负我年老没力气，竟忍心这样当面做"贼"抢东西，毫无顾忌地抱着茅草跑进竹林去了。我嘴唇干燥也喝止不住，回来后拄着拐杖，独自叹息。一会儿风停了，天空中乌云像墨一样黑，深秋天空阴沉迷蒙渐渐黑下来了。布被盖了多年，又冷又硬，像铁板似的。孩子睡觉姿势不好，把被子蹬破了。一下雨，屋顶漏水，屋内没有一点儿干燥的地方，房顶的雨水像麻线一样不停地往下漏。自从安史之乱以后，我睡眠的时间很少，长夜漫漫，屋漏床湿，怎能挨到天亮。如何能得到千万间宽敞高大的房子，普遍地庇护天下间贫寒的读书人,让他们开颜欢笑,房子在风雨中也不为所动,安稳得像山一样?唉!什么时候眼前出现这样高耸的房屋,到那时即使我的茅屋被秋风吹破,我自己受冻而死也心甘情愿!

赏析

这首诗描绘秋夜屋漏、风雨交加的情景,真实地记录了草堂生活的一个片段。末段忽生异境,以切身的体验,推己及人,进一步把自己的困苦丢在一边,设想大庇天下寒士的万间广厦。作者抒发的情怀与范仲淹的《岳阳楼记》中"先天下之忧而忧,后天下之乐而乐"抒发的情怀基本一致,也表达了作者关心民间疾苦,忧国忧民的思想感情。

28. 羌村三首（其三）

杜甫

群鸡正乱叫，客至鸡斗争。

驱鸡上树木，始闻叩柴荆①。

父老四五人，问我久远行。

手中各有携，倾榼②浊复清。

"莫辞酒味薄，黍地无人耕。

兵戈既未息，儿童尽东征。"

请为父老歌，艰难愧深情。

歌罢仰天叹，四座泪纵横。

注释

① 柴荆：指用树枝、荆条编成的门。

② 榼：酒器。

译文

　　成群的鸡正在乱叫,客人来时,鸡又争又斗。把鸡赶上了树端,这才听到有人在敲柴门。四五位村中的年长者,来慰问我由远地归来。手里都带着礼物,从榼里往外倒酒,酒有的清,有的浊。一再解释说:"酒味之所以淡薄,是由于田地没人去耕耘。战争尚未停息,年轻人全都东征去了。"请让我为父老歌唱,在艰难的日子里,感谢父老携酒慰问的深情。吟唱完毕,我不禁仰天长叹,在座的客人也都热泪纵横不绝,悲伤之至。

赏析

　　本诗讲述的虽然只是诗人乱后回乡的个人经历,但诗中所写的绝不只是诗人一家特有的生活经历,它具有普遍意义。这组诗真实地再现了唐代"安史之乱"后的部分社会现实:局势纷乱、兵革未息、儿童东征、妻离子散,具有浓烈的"诗史"意味。

29. 登楼

杜甫

花近高楼伤客心，万方多难此登临。

锦江①春色来天地，玉垒浮云变古今。

北极朝廷终不改，西山寇盗莫相侵。

可怜后主还祠庙，日暮聊为《梁甫吟》②。

注释

① 锦江：流经成都的岷江支流。

② 梁甫吟：汉乐府诗篇名，史载诸葛亮躬耕陇亩时常吟此诗。

译文

登楼望春近看繁花，游子越发伤心；远离家乡的我愁思满腹，在这多灾多难的时刻，我登楼观览。锦江的春色从天地边际迎面扑来，从古到今玉垒山的浮云变幻莫测。大唐的朝廷真像北极星不可动摇,吐蕃夷狄莫再前来骚扰徒劳入侵。可叹刘后主那么昏庸仍然在祠庙中享受祭祀,日暮时分我要学孔明吟诵《梁甫吟》。

赏析

全诗寄景抒情,将古往今来世事变化、自己的感怀和眼前山川之景融合在了一起,坦露了自己要效法诸葛亮辅佐朝廷的抱负,大有澄清天下的气概。

30. 秋兴八首（其一）

杜甫

玉露①凋伤枫树林，巫山巫峡气萧森。

江间波浪兼天涌，塞上风云接地阴。

丛菊两开②他日泪，孤舟一系故园心。

寒衣处处催刀尺，白帝城高急暮砧。

注释

①玉露：白露。

②丛菊两开：杜甫此前一年秋天在云安，此年秋天在夔州，从离开成都算起，已历两秋，故云"两开"。

译文

枫树在深秋露水的侵蚀下逐渐凋零、残伤，巫山和巫峡也笼罩在萧瑟阴森的迷雾中。江间的波浪连天涌起，塞上的风云则像是要压到地面上来似的，天地一片阴沉。花开花落已两载，看着盛开的花，想到两年未曾回家，就不免伤心落泪。小船还系在岸边，虽然我不能东归，飘零在外的我，心却长系故园。赶制寒衣家家在动用刀尺，白帝城高处听到夜晚捣衣的砧音。

赏析

《秋兴八首》是杜甫晚年为逃避战乱而寄居夔州时的代表作品。诗人由深秋的衰残景象和阴沉气氛感发情怀，抒写了因战乱而常年流落他乡、不能东归中原的悲哀和对国家前途未卜的担忧。

李贺：字长吉，有"诗鬼"之称，是与"诗圣"杜甫、"诗仙"李白、"诗佛"王维相齐名的唐代著名诗人。李贺是中唐的浪漫主义诗人，与李白、李商隐称为"唐代三李"。有"太白仙才，长吉鬼才"之说。李贺是继屈原、李白之后，中国文学史上又一位颇享盛誉的浪漫主义诗人。由于长期抑郁感伤，因病辞去奉礼郎，27岁英年早逝。

31. 雁门太守行

李贺

黑云①压城城欲摧，甲光向日金鳞开②。

角声满天秋色里，塞上燕脂凝夜紫。

半卷红旗临易水，霜重鼓寒③声不起。

报君黄金台④上意，提携玉龙为君死。

注释

①黑云：此形容战争烟尘铺天盖地，弥漫在边城附近，气氛十分紧张。

②金鳞开：（铠甲）像金色的鱼鳞一样闪闪发光。

③霜重鼓寒：天寒霜降，战鼓声沉闷而不响亮。

④黄金台：故址在今河北省易县东南，相传战国燕昭王所筑。

敌兵滚滚而来，犹如黑云翻卷，想要摧倒城墙；我军严阵以待，阳光照耀铠甲，一片金光闪烁。秋色里，响亮军号震天动地；黑夜间战士鲜血凝成暗紫。红旗半卷，援军赶赴易水；夜寒霜重，鼓声郁闷低沉。只为报答君王恩遇，手携宝剑，视死如归。

赏析

《雁门太守行》是李贺运用乐府古题创作的一首描写战争场面的诗歌。此诗描绘了悲壮惨烈的战斗场面，准确地表现了特定时间、特定地点的边塞风光和瞬息万变的战争风云。全诗意境苍凉，格调悲壮，具有强烈的震撼力和艺术魅力。

韩愈：字退之，世称韩昌黎；谥号文，又称韩文公。韩愈是唐代古文运动的倡行者，"唐宋八大家"之一。他的诗风奇特新颖、风格多样，以文为诗，自成一家。

32. 早春呈水部张十八员外^①

韩愈

天街^②小雨润如酥，

草色遥看近却无。

最是一年春好处，

绝胜烟柳满皇都。

① 水部张十八员外：指时任工部员外郎的张籍。

② 天街：指京城的街道。

京城刚刚下过一场春雨，小草刚刚露出头来。远远看去是绿油

油一片，走近反而看不出什么颜色。这正是一年之中最好的时节，比绿柳满城的晚春景色要好得多。

赏析

这首诗咏早春，给读者以无穷的美感，甚至是绘画所不能及的。写初春的小雨，以"润如酥"来形容它的细滑润泽，十分准确地写出了它的特点，遣词用句十分优美。与杜甫的"好雨知时节，当春乃发生。随风潜入夜，润物细无声"有异曲同工之妙，表达了作者对春天的热爱和赞美之情。

33. 左迁至蓝关示侄孙湘

韩愈

一封①朝奏九重天，夕贬潮阳路八千。

欲为圣明除弊事②，肯将衰朽惜残年！

云横秦岭家何在？雪拥蓝关马不前。

知汝远来应有意，好收吾骨瘴江③边。

① 封：指谏书，即《谏佛骨表》。
② 弊事：有害的事，指迎佛骨的事。
③ 瘴江：泛指岭南河流。

一篇谏书早晨上奏给皇帝，晚上就被贬官到路途遥远的潮阳去。想替皇上除去有害的事，哪能因衰老就吝惜残余的生命。云彩横出于南山，我的家在哪里？在白雪厚积的蓝田关外，马也停住脚步。知道你远道而来定是有所打算，正好在瘴江边收殓我的尸骨。

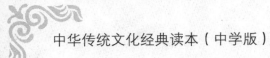

赏析

诗人借"秦岭""蓝关"自然景色表述了自己的愁苦悲戚心绪,同时也蕴含为上表付出的惨痛代价。一顾一瞻,顾者为长安,因云横秦岭,长安已不可见,"龙颜"难以再睹;瞻者乃潮阳,奈何为蓝关大雪所阻,前程曲折坎坷,不敢多想,"马"固不能"前","人"却能"前"乎?表现了一个正直的知识分子的信念,忠言进谏,反受迫害,让人感慨万千!

柳宗元：字子厚，唐代杰出的诗人、散文家，世称"柳河东""河东先生"。与韩愈同为古文运动的主要倡导者，并称"韩柳"。其作品大多描摹自然山水，反映社会现实，抒发内心抑郁悲愤，语言朴素自然。

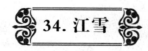

34. 江雪

柳宗元

千山鸟飞绝①，

万径人踪②灭。

孤舟蓑笠翁③，

独钓寒江雪。

① 绝：没有。

② 人踪：行人的脚印。

③ 蓑笠翁：披蓑衣、戴斗笠的渔翁。

译文

所有山上都不见鸟儿飞过的踪影,所有道路也不见行人的脚印。天地之间,只在江边一艘孤零零的小船上,有一位身穿蓑衣、头戴斗笠的老渔翁,独自在漫天风雪中垂钓。

赏析

柳宗元笔下的山水诗有个显著的特点,那就是把客观境界写得比较幽僻,而诗人的主观心情则显得比较寂寞,甚至有时不免过于孤独,过于冷清,不带一点人间烟火气。这首《江雪》正是这样,诗人只用了二十个字,就描绘了一幅幽静寒冷的画面:在下着大雪的江面上,一叶小舟,一个老渔翁,独自在寒冷的江心垂钓。本诗表现了诗人永贞革新失败后,虽处境孤独,但仍不屈的性格。

孟郊：字东野，为人正直倔强，终生潦倒。中唐诗坛上，孟郊与韩愈齐名，为"韩孟诗派"开创者之一。孟郊的古诗善于用白描手法，语言朴素。

35. 游子吟

孟郊

慈母手中线，游子①身上衣。

临行密密缝，意恐迟迟归。

谁言寸草心，报得三春晖②。

① 游子：在外远行的儿子。
② 晖：阳光，比喻母爱的温暖。

慈祥的母亲手里拿着针线，在为即将远游的孩子缝制衣服。母亲一针一线地把衣服缝得又密又牢，担心孩子漂泊在外，迟迟不能归来。我们做儿女的就像路边的小草，谁说能够报答得了像那春日暖阳一样的母爱呢?

赏析

这首诗艺术地再现了平凡而又伟大的人性美,所以千百年来赢得了无数读者强烈的共鸣。直到清朝,溧阳有两位诗人又吟出了这样的诗句:"父书空满筐,母线萦我襦","向来多少泪,都染手缝衣",足见此诗留给后人的深刻印象。

深挚的母爱,无时无刻不在沐浴着儿女们。然而对于孟郊这位常年颠沛流离、居无定所的游子来说,最值得回忆的,莫过于母子分离的痛苦时刻了。此诗描写的是慈母缝衣的普通场景,表现的却是诗人深沉的内心情感。

岑参：唐代著名的边塞诗人。他的诗歌内容涉及很多方面，而以边塞诗成就最为突出。与高适合称为"高岑"。

 36. 逢入京使

岑参

故园^①东望路漫漫，

双袖龙钟^②泪不干。

马上相逢无纸笔，

凭^③君传语报平安。

① 故园：指作者在长安的家。
② 龙钟：形容流泪的样子，这里是沾湿的意思。
③ 凭：托。

东望家乡，路途遥远，泪水沾湿双袖难擦干。途中恰好遇

中华传统文化经典读本（中学版）

见回京的使者，没有纸笔写信，烦托您捎个口信，代我回家报声平安。

赏析

　　这首诗是写诗人在西行途中，偶遇前往长安的东行使者，勾起了无限的思乡情绪，也表达了诗人欲建功立业而豪放、豁达、乐观的胸襟。旅途的颠沛流离，思乡的肝肠寸断，在诗中得到了深刻的揭示。

　　岑参善于把许多人心头所想、口里要说的话，用艺术手法加以提炼和概括，使之具有典型的意义，在平易之中而又显出丰富的韵味，自能深入人心，历久不忘。

经典古诗

37. 白雪歌送武判官归京

岑参

北风卷地白草折，胡天①八月即飞雪。

忽如一夜春风来，千树万树梨花开。

散入珠帘湿罗幕，狐裘不暖锦衾②薄。

将军角弓不得控，都护③铁衣冷难着。

瀚海④阑干百丈冰，愁云惨淡万里凝。

中军⑤置酒饮归客，胡琴琵琶与羌笛。

纷纷暮雪下辕门，风掣红旗冻不翻。

轮台东门送君去，去时雪满天山路。

山回路转不见君，雪上空留马行处。

注释

① 胡天：指西域的天气。

② 衾：被子。

③ 都护：负责镇守边疆的官员。

④瀚海：沙漠。

⑤中军：诗中指主帅的营帐。

北风呼啸，沙尘扫荡，吹折了所有枯草。西域到了八月就已是白雪纷飞了。雪花漫天，盖满枝丫，就像忽然一夜间吹起了春风，千树万树的梨花盛开一样。雪花飞入珠帘沾湿了罗幕，穿着狐皮袍子也不够暖和，盖着软和的被子还嫌单薄。将军冻得拉不开角弓，镇守边关之人的盔甲都很难穿戴。

沙漠纵横着百丈的坚冰，天空中冬云阴沉暗淡凝结万里。中军设下酒席，欢送回京的客人，胡琴、琵琶、羌笛一齐演奏。黄昏时，雪花在辕门外纷纷落下；风吹红旗，但旗子已经被冻得不能飘动。在轮台的东门送你回京，雪花落满了天山之路。山路回转几次就再看不见你了，雪地上空留着马走过的痕迹。

赏析

本诗描绘了祖国西北边塞的壮丽景色以及边塞军营送别归京使臣的热烈场面，表现了诗人和边防将士的爱国热情及战友间的真挚感情。

38. 走马川①行②奉送封大夫出师西征

岑参

君不见走马川行雪海边，平沙莽莽黄入天。

轮台③九月风夜吼，一川碎石大如斗，随风满地石乱走。

匈奴④草黄马正肥，金山⑤西见烟尘飞，汉家大将⑥西出师。

将军金甲夜不脱，半夜军行戈相拨⑦，风头如刀面如割。

马毛带雪汗气蒸，五花连钱⑧旋作冰，幕中草檄⑨砚水凝。

虏骑闻之应胆慑，料知短兵⑩不敢接，车师⑪西门伫献捷⑫。

① 走马川：即车尔臣河，在今新疆境内。

② 行：诗歌的一种体裁。

③ 轮台：地名，在今新疆米泉境内。封常清军府驻在这里。

④ 匈奴：借指达奚部族。

⑤ 金山：指天山主峰。

⑥ 汉家大将：指封常清，当时任安西节度使兼北庭都护，岑参在他的幕府任职。

⑦ 戈相拨：兵器互相撞击。

⑧ 五花连钱：指马斑驳的毛色。
⑨ 草檄（xí）：起草讨伐敌军的文告。
⑩ 短兵：指刀剑一类武器。
⑪ 车师：古西域国名。
⑫ 献捷：献上贺捷诗章。

译文

您难道不曾看见吗？那辽阔的走马川紧靠着雪海边缘，茫茫无边的黄沙连接云天。轮台九月整夜里狂风怒号，到处可见碎石块块大如斗，狂风吹得斗大乱石满地走。这时匈奴牧草繁茂军马肥，侵入金山西面烟尘滚滚飞，汉家的大将率兵开始西征。将军身着铠甲夜里也不脱，半夜行军戈矛彼此相碰撞，凛冽寒风吹到脸上如刀割。马毛挂着雪花还汗气蒸腾，五花马的身上转眼结成冰，营幕中写檄文砚墨也冻凝。敌军听到大军出征应胆战心惊，料他不敢与我们短兵相接，我就在车师西门等待报捷。

赏析

诗人在任安西北庭节度使判官时，封常清率兵出征，他便写了这首诗为封常清送行。

为了表现边防将士高昂的爱国精神，诗人用了反衬手法，抓住有边地特征的景物来描写环境的艰险，突出人物不畏艰险的精神。

刘方平：盛唐时期诗人，其诗多咏物写景，擅长绝句。善于寓情于景，词短情长。

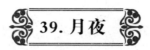

刘方平

更深月色半人家，

北斗阑干^①南斗^②斜。

今夜偏知春气暖，

虫声新透绿窗纱。

① 阑干：横斜的样子。指时间已过半夜。

② 南斗：星宿名，在北斗七星南。

深夜明月西斜，只能照见庭院的半边。北斗、南斗都已经西斜。今夜才知道温暖的春天已经来临，虫鸣声刚刚从绿纱窗那边透了过来。

赏析

这首诗写的是月夜中透露出的春意,记叙了作者对初春月夜气候转暖的独特感受,构思新颖别致。

刘禹锡：字梦得，唐朝文学家、哲学家，自称是汉中山靖王后裔，曾任监察御史，是王叔文政治改革集团的一员。唐代中晚期著名诗人，有"诗豪"之称。他的家庭是一个世代以儒学相传的书香门第。

40. 秋词

刘禹锡

自古逢秋悲寂寥，

我言秋日胜春朝①。

晴空一鹤排②云上，

便引诗情到碧霄。

注释

① 春朝：春天。

② 排：推开。

译文

自古以来，一到秋天人们就会感到寂寞悲伤，但我却觉得秋天比春天更为美好。看着一只白鹤在晴空中翱翔而去，我的心也跟随着它飞向了万里蓝天。

赏析

在这首诗中，诗人通过歌颂秋天的壮美，表达了他的乐观情绪和昂扬奋发的进取精神。

41. 酬乐天扬州初逢席上见赠

刘禹锡

巴山楚水①凄凉地，二十三年弃置身。

怀旧空吟闻笛赋②，到乡翻似烂柯人③。

沉舟侧畔千帆过，病树前头万木春。

今日听君歌一曲④，暂凭杯酒长精神。

注释

① 巴山楚水：刘禹锡被贬后，迁徙于朗州、连州、夔州、和州等边远地区，这里用"巴山楚水"泛指这些地方。

② 闻笛赋：指西晋向秀所作的《思旧赋》。刘禹锡借用这个典故怀念已死去的王叔文、柳宗元等人。

③ 烂柯人：指晋人王质。王质进山打柴，观童子下棋。棋局终了时斧柄已烂。下山后方知已过去一百年。刘禹锡借这个故事表达世事沧桑，人事全非，暮年返乡恍如隔世的心情。

④ 歌一曲：指白居易的《醉赠刘二十八使君》。

译文

被贬谪到巴山楚水这些荒凉的地区,度过了二十三年沦落的光阴。怀念故去旧友徒然吟诵闻笛小赋,久谪归来感到已非旧时光景。翻覆的船只旁仍有千千万万的帆船经过,枯萎的树木前面也有万千林木欣欣向荣。今天听了你为我吟诵的诗篇,暂且借这一杯美酒振奋精神。

赏析

刘禹锡在这首诗中运用了层层递进的手法。诗的第一层,先写自己无罪而长期被贬的遭遇,为全诗定下了愤怒、激动的基调。诗的第二层,通过对受害友人的悼念,以及自己回到故乡竟然恍如隔世的情景,使愤怒、激动之情进一步深化。第三层,对比了自己的沉沦与新贵的得势,诗人的愤怒、激动之情达到了顶点。第四层,表示并不消极气馁,要积极进取,重新投入生活。刘禹锡在这首诗中所表现的百折不回的坚强毅力,给人以莫大的启迪和鼓舞。

白居易：字乐天，号香山居士，又号醉吟先生，是唐代伟大的现实主义诗人，唐代三大诗人之一。白居易与元稹共同倡导新乐府运动，世称"元白"，与刘禹锡并称"刘白"。白居易的诗歌题材广泛，形式多样，语言通俗，有"诗魔"和"诗王"之称。

42. 钱塘湖春行

白居易

孤山①寺北贾亭②西，水面初平云脚低。

几处早莺争暖树，谁家新燕啄春泥。

乱花渐欲迷人眼，浅草才能没马蹄。

最爱湖东行不足，绿杨阴里白沙堤③。

① 孤山：在西湖的后湖与外湖之间，山上有孤山寺。

② 贾亭：又叫贾公亭。西湖名胜之一，唐朝贾全所筑。

③ 白沙堤：指西湖的白堤，又称沙堤或断桥堤。

译文

从孤山寺的北面到贾亭的西面,湖面春水刚与堤平,白云低垂,同湖面连成一片。几只早出的黄莺争相飞往向阳的树木,不知从谁家新飞来的燕子正忙着筑巢衔泥。纷繁的花朵渐渐开放使人眼花缭乱,浅浅的青草刚刚能够遮没马蹄。最爱的湖东美景百游不厌,尤其是杨柳荫下的白沙堤。

赏析

这首诗就像一篇短小精悍的游记,从孤山、贾亭开始,到湖东、白沙堤止,一路上,在湖青山绿那美如天堂的景色中,诗人饱览了莺歌燕舞,陶醉于鸟语花香,最后,才意犹未尽地沿着白沙堤,在杨柳的绿荫下,一步三回头,恋恋不舍地离去了。耳畔还回响着由世间万物共同演奏的春天的赞歌,心中便不由自主地吟诵出一首饱含着自然融合之趣的优美诗歌来。

43. 大林寺桃花

白居易

人间①四月芳菲尽,

山寺②桃花始盛开。

长恨春归无觅处,

不知转入此中来。

注释

① 人间：庐山下的平地村落。

② 山寺：指大林寺。

译文

四月正是百花凋零殆尽的时候，高山古寺中的桃花却刚刚盛开。我常为春光逝去无处寻觅而惋惜，却不知它已经转到这里来。

赏析

在这首短诗中,自然界的春光被描写得如此生动具体、活灵活现,如果没有对春光的无限留恋、热爱,没有诗人的一片童心,是写不出来的。这首小诗表现了作者对春光的喜爱和留恋之情。

44. 观刈麦

白居易

田家少闲月，五月人倍忙。夜来南风起，小麦覆陇黄。妇姑荷箪食①，童稚携壶浆，相随饷田②去，丁壮在南冈。足蒸暑土气，背灼炎天光，力尽不知热，但惜夏日长。复有贫妇人，抱子在其旁，右手秉遗穗，左臂悬敝筐。听其相顾言，闻者为悲伤。家田输税③尽，拾此充饥肠。今我何功德？曾不事农桑。吏禄三百石④，岁晏有余粮。念此私自愧，尽日不能忘。

注释

① 荷箪食：担着用竹篮盛的饭。

② 饷田：给在田里劳动的人送饭。

③ 输税：缴纳租税。

④ 吏禄三百石：当时白居易任周至县尉，一年的薪俸大约是三百石米。

译文

农家很少有空闲的月份，五月到来人们更加繁忙。夜里刮起了南风，覆盖田垄的小麦已成熟发黄。妇女们担着竹篮盛的饭食，儿童手提壶装的水，相互跟随着到田间送饭，收割小麦的男子都在南冈。他们双脚受地面的热气熏蒸，脊梁上烤晒着炎热的阳光，精疲力竭仿佛不知道天气炎热，只是珍惜夏日天长。又见一位贫苦妇女，抱着孩儿站在割麦者身旁，右手拿着捡的麦穗，左臂挂着一个破筐。听她望着别人说话，听到的人都为她感到悲伤。因为缴纳租税，家里的田地都已卖光，只好拾些麦穗充填饥肠。现在我有什么功劳德行，却不用从事农耕蚕桑。一年领取薪俸三百石米，到了年底还有余粮。想到这些暗自惭愧，整日整夜念念不忘。

赏析

这首诗是白居易有感于人民劳动艰苦、生活贫困所写的一首诗。当时，白居易主管征收捐税等事，所以他对劳动人民在这方面所受的灾难知道得最清楚。此诗描写了麦收时节的农忙景象，对造成人民贫困之源的繁重租税提出指责，对于诗人自己无功无德又不劳动却能丰衣足食而深感愧疚，表现了一个有良心的封建官吏的人道主义精神。

45. 望月有感

白居易

自河南经乱，关内阻饥，兄弟离散，各在一处。因望月有感，聊书所怀，寄上浮梁大兄、於潜七兄、乌江十五兄，兼示符离及下邽弟妹。

时难年荒世业①空，弟兄羁旅各西东。
田园寥落干戈后，骨肉流离道路中。
吊影分为千里雁，辞根散作九秋蓬②。
共看明月应垂泪，一夜乡心五处③同。

注释

① 世业：祖传的产业。唐代初年推行授田制度，所授之田分"口分田"和"世业田"，人死后，子孙可以继承"世业田"。

② 九秋蓬：秋天蓬草脱离本根随风飞转，古人用来比喻游子在异乡漂泊。九秋：秋天。

③ 五处：即诗题所言五处。

译文

  自从河南地区经历战乱,关内一带漕运受阻致使饥荒四起,我们兄弟也因此流离失散,各自在一处。因为看到月亮而有所感触,便随性写成诗一首来记录感想,寄给在浮梁的大哥、在於潜的七哥,在乌江的十五哥和在符离、下邽的弟弟妹妹们看。

  家业在灾年中荡然一空,兄弟分散各自你西我东。战乱过后田园荒芜寥落,骨肉逃散在异乡道路中。吊影伤情好像离群孤雁,漂泊无踪如断根的秋蓬。同看明月都该伤心落泪,一夜思乡心情五地相同。

赏析

  全诗以白描的手法,采用平易的家常话语,倾诉诗人身受的离乱之苦。全诗意在写诗人经战乱之后,怀念诸位兄弟姊妹。

杜牧：字牧之，号樊川居士，唐代诗人。杜牧人称"小杜"，以别于杜甫，与李商隐并称"小李杜"。因晚年居长安南樊川别墅，故后世称"杜樊川"，有《樊川文集》。

46. 赤壁

杜牧

折戟沉沙铁未销，

自将磨洗认前朝。

东风不与周郎便，

铜雀①春深锁二乔②。

① 铜雀：铜雀台。曹操下令在邺城（今河北临漳县西）修建。

② 二乔：即大乔、小乔，江东乔公的两个女儿，分别嫁给了孙策和周瑜。

译文

一支折断了的铁戟沉没在水底沙中还没有销蚀掉，如今我亲手把它磨洗干净，发现它是赤壁之战时用过的。当年如果不是诸葛亮借来东风，帮助周瑜火烧曹军，恐怕美丽的大乔、小乔早就被曹操幽禁在铜雀台中了。

赏析

这首诗涉及历史上著名的赤壁之战，反映出了杜牧心中的抑郁不平。诗人感叹历史上英雄成名的机遇，是因为他自己生不逢时，有政治、军事才能而不得施展。

经典古诗

47. 泊秦淮

杜牧

烟笼寒水月笼沙,

夜泊秦淮①近酒家。

商女②不知亡国恨,

隔江犹唱后庭花③。

注释

① 秦淮：河名，发源于江苏溧水东北，经南京流入长江。

② 商女：歌女。

③ 后庭花：歌曲名，指南朝陈后主所作的《玉树后庭花》，后人多把它看作是亡国之音。

译文

烟雾笼罩在秦淮河上，月光映照着沙滩，夜里把船停靠在秦淮河边。这时从江对岸传来阵阵歌声，是不懂亡国之恨的歌女唱起了陈后主的《玉树后庭花》。

赏析

这首诗是即景感怀的,揭露了晚唐统治者沉溺声色、醉生梦死的腐朽生活。秦淮河两岸是六朝时的繁华之地,是权贵富豪、墨客骚人寻欢作乐的场所。诗人夜泊秦淮,不禁触景生情,表现了作者忧国忧民的情怀。

李商隐：字义山，号玉溪生、樊南生。他擅长诗歌写作，骈文文学价值也很高，是晚唐出色的诗人，和杜牧合称"小李杜"，与温庭筠合称为"温李"。

48. 无题

李商隐

相见时难别亦难，东风无力百花残。

春蚕到死丝①方尽，蜡炬成灰泪始干。

晓镜但愁云鬓②改，夜吟应觉月光寒。

蓬山③此去无多路，青鸟殷勤为探看。

注释

① 丝：这里以"丝"喻"思"，含相思之意。

② 云鬓：青年女子的头发。

③ 蓬山：蓬莱山，传说中海上的仙山。

译文

相见并不容易，别离时也更难舍难分。更何况在这暮春时节里，

中华传统文化经典读本（中学版）

满目都是东风力尽、百花凋残的景象。春蚕吐丝，到死才会停止；蜡烛烧干成灰，泪水才能止息。她早晨对着镜子梳妆，唯恐见到容颜衰老；我夜晚独自对着月亮吟诗，感觉寒气袭人。蓬莱山离这儿不算太远，却无路可通，烦请青鸟一样的使者，殷勤地为我去探望。

赏析

这首诗以女性的口吻写爱情心理，在悲伤、痛苦之余依然充满希望。

49. 锦瑟

李商隐

锦瑟①无端五十弦，一弦一柱思华年。

庄生②晓梦迷蝴蝶，望帝③春心托杜鹃。

沧海月明珠有泪④，蓝田⑤日暖玉生烟。

此情可待成追忆？只是当时已惘然。

注释

① 锦瑟：装饰华美的瑟。

② 庄生：庄子。

③ 望帝：杜宇，号望帝，周朝末年蜀地的君主。

④ 珠有泪：传说南海的鲛人望月时流泪成珠。

⑤ 蓝田：山名。在今陕西蓝田，山中产玉。

译文

装饰华美的瑟，为什么有五十根弦？每一根都让我回忆起青春年华。庄周梦见自己变成蝴蝶，沉迷在梦境中；望帝死后化为杜鹃，也不放弃悲鸣。怅惘之情,即使在沧海皎月的广阔中,也只想到鲛人在哭泣;又如蓝田日暖时,可看到良玉生烟。如此情怀哪里是现在回忆起来才感到无限怅恨呢?在当时我已是怅然失意了。

赏析

《锦瑟》是李商隐的代表作,创作意旨历来众说纷纭,莫衷一是。有人说是写给令狐楚家一个叫"锦瑟"的侍女的爱情诗;有人说是睹物思人,写给故去的妻子王氏的悼亡诗;也有人认为是描写音乐的咏物诗;此外还有影射政治等许多种说法。大体而言,以"悼亡"和"自伤"说者为多。

50. 马嵬（其二）

李商隐

海外徒闻更九州，他生未卜此生休。

空闻虎旅①传宵柝②，无复鸡人③报晓筹。

此日六军同驻马，当时七夕笑牵牛。

如何四纪为天子，不及卢家有莫愁。

注释

① 虎旅：跟随唐玄宗赴蜀的禁卫军。

② 宵柝（tuò）：夜间巡逻时用的梆子。

③ 鸡人：皇宫中报时的卫士。汉代宫中不得畜鸡，卫士候于朱雀门外，传鸡唱。

听到传说，海外还有九州，来生未可预知，今生就此罢休。空听到禁卫军巡夜的梆声，不再有宫中鸡人，报晓敲击更筹。六军已经约定，全都驻马不前，遥想当年七夕，我们还嗤笑织女牛郎。如何历经四纪，身份贵为天子，却不及卢家夫婿，朝朝夕夕陪伴莫愁。

赏析

这是一首政治讽刺诗，锋芒指向了李唐前朝皇帝唐玄宗。一方面揭示当了四十多年皇帝的唐玄宗保不住宠妃，另一方面是作为普通百姓的卢家能保住既能"织绮"、又能"采桑"的妻子莫愁。诗人由此发出诘问：为什么当了四十多年的皇帝唐玄宗还不如普通百姓能保住自己的妻子呢？

51. 夜雨寄北

李商隐

君问归期未有期,

巴山①夜雨涨秋池。

何当共剪西窗烛②,

却话巴山夜雨时。

注释

① 巴山:泛指巴蜀之地。

② 剪西窗烛:剪烛,剪去燃焦的烛芯,使灯光明亮。这里形容深夜秉烛长谈。

译文

你问我回家的日期,归期难定,今晚巴山下着大雨,雨水已涨满秋池。什么时候我们才能一起秉烛长谈,相互倾诉今宵巴山夜雨中的思念之情。

赏析

此诗语言朴素流畅，情真意切。"巴山夜雨"首末重复出现，令人荡气回肠。"何当"紧扣"未有期"，有力地表现了作者思归的急切心情。

温庭筠：唐代诗人、词人。本名岐，字飞卿。文思敏捷，精通音律。然恃才不羁，又好讥刺权贵，多犯忌讳，故屡举进士不第，长被贬抑，终生不得志。与李商隐齐名，时称"温李"。其诗辞藻华丽，内容多写闺情。其词艺术成就在晚唐诸词人之上，为"花间派"首要词人，对词的发展影响较大。

52. 商山早行

温庭筠

晨起动征铎①，客行悲故乡。

鸡声茅店月，人迹板桥霜。

槲②叶落山路，枳花明驿墙。

因思杜陵③梦，凫雁满回塘。

注释

① 征铎：远行车马所挂的大铃。

② 槲：陕西山阳县盛长的一种落叶乔木。叶子在冬天虽枯而不落，春天树枝发芽时才落。每逢端午用这种树叶包出的槲叶粽也成为了当地特产。

③杜陵：地名，在长安城南（今陕西西安东南），古为杜伯国，秦置杜县，汉宣帝筑陵于东原上，因名杜陵。

黎明起床，远行车马所挂的大铃已震动；一路远行，游子悲思故乡。鸡声嘹亮，茅草店沐浴着晓月的余晖；足迹依稀，木板桥覆盖着早春的寒霜。枯败的槲叶，落满了荒山的野路；淡白的枳花，鲜艳地开放在驿站的泥墙上。因而想起昨夜梦见杜陵的美好情景；一群群鸭和鹅，正嬉戏在岸边弯曲的湖塘里。

赏析

这首诗描写了旅途中寒冷、凄清的早行景色，抒发了游子在外的孤寂之情。

王绩：字无功，号东皋子、五斗先生，唐朝著名诗人。出身官宦世家，是隋末大儒王通之弟，王勃的叔公（叔祖）。王绩一生郁郁不得志，曾在隋代任秘书省正字，初唐时，以原官待诏门下省，后弃官隐居于故乡东皋村。王绩性情旷达，嗜酒如命，喜读"老庄"（《老子》《庄子》）。他的最大成就在于诗歌，被后世公认为五言律诗的奠基人。王绩的大部分诗是反映闲适生活及山水田园风光的，他的诗风朴素自然，洗尽六朝铅华，为初唐诗坛带来一股生气。

53. 野望

王绩

东皋①薄暮②望，徙倚③欲何依④。

树树皆秋色⑤，山山唯落晖⑥。

牧人驱犊⑦返，猎马带禽⑧归。

相顾无相识，长歌怀采薇⑨。

① 东皋：诗人隐居的地方。

② 薄暮：傍晚。薄：迫近。

③ 徙倚：徘徊，来回地走。

④ 依：归依。

⑤ 秋色：一作"春色"。

⑥ 落晖：落日余晖。

⑦ 犊：小牛，这里指牛群。

⑧ 禽：鸟兽，这里指猎物。

⑨ 采薇：薇是一种植物。相传周武王灭商后，伯夷、叔齐不愿做周的臣子，在首阳山上采薇而食，最后饿死。古时"采薇"代指隐居生活。

译文

傍晚时分站在东皋纵目远望，我徘徊不定，不知该归依何方，层层树林都染上秋天的色彩，重重山岭披着落日的余晖。牧人驱赶着牛群返还家园，猎人带着猎物驰过我的身旁。大家相对无言彼此互不相识，我长啸高歌，真想隐居在山冈！

赏析

这首诗写的是山野秋景。作者于萧瑟、怡静的景色描写中流露出孤独、抑郁的心情，抒发了惆怅、孤寂的情怀。

王湾：唐朝文学家、史学家。现存诗十首，最著名的是《次北固山下》。诗中描写的景象风华秀丽、意境开阔，具有盛唐诗歌的鲜明特征，同时对盛唐诗坛产生了重要的影响。

54. 次①北固山②下

王湾

客路青山外，行舟绿水前。

潮平两岸阔，风正一帆悬。

海日生残夜③，江春入旧年。

乡书何处达？归雁洛阳边。

① 次：停留。
② 北固山：在今江苏镇江附近，三面临江。
③ 残夜：夜晚将尽未尽。

漫漫旅途一直延伸到青山之外，小舟疾驶而过，好像想要赶在

绿水之前。春潮涌涨，河道变得更加宽阔。顺风行船，桅杆上的风帆高高张开。残夜未尽，太阳已从海面上渐渐升起；江南春早，还在旧年就已有了春意。想写封家信，可不知有谁能够投递——大雁啊，就拜托你把它捎到洛阳城边吧！

赏析

这是一首羁旅行役诗。诗人借景抒情，细致地描绘了长江下游开阔、秀丽的早春景色，表达了诗人对祖国山河的热爱，也表达了诗人思念故乡和思念亲人的思想感情。

崔颢：汴州（今河南开封）人，唐开元年间进士，官至太仆寺丞，天宝中为司勋员外郎。秉性耿直，才思敏捷，其作品激昂豪放，气势宏伟。

55. 黄鹤楼

崔颢

昔人已乘黄鹤去，此地空余黄鹤楼。

黄鹤一去不复返，白云千载空悠悠。

晴川历历①汉阳树，芳草萋萋②鹦鹉洲。

日暮乡关③何处是？烟波江上使人愁。

注释

① 历历：分明的样子。

② 萋萋：草木繁盛的样子。

③ 乡关：故乡。

译文

传说中的仙人早已经驾鹤远去,这里只留下了空空荡荡的黄鹤楼。黄鹤一飞而去不再复返,天空中只留片片白云飘荡。阳光照耀下的汉阳树木清晰可见,更能看清芳草繁茂的鹦鹉洲。暮色渐渐漫起,哪里是我的故乡?烟波浩渺的江面,令我心中不免涌上了一丝淡淡乡愁。

赏析

这首诗是吊古怀乡之佳作。诗人登临古迹黄鹤楼,游览眼前景物,即景而生情。传说李白登此楼,目睹此诗,大为折服,说:"眼前有景道不得,崔颢题诗在上头。"可见这首诗在古诗之中有着极高的地位。

刘长卿：宣城（今安徽宣城）人，因为人过于刚直而犯上，两度迁谪。其诗多写政治失意之感，也有反映离乱之作。善于描绘自然景物，长于五言，被人称为"五言长城"。

 56. 送灵澈上人①

刘长卿

苍苍竹林寺②，

杳杳钟声晚。

荷笠带斜阳，

青山独归远。

① 灵澈上人：唐代著名僧人，会稽（今浙江绍兴）人。

② 竹林寺：在今江苏丹徒南。

苍翠的丛林掩映着竹林寺，远远地传来黄昏的钟鸣声。身背斗笠在夕阳的映照下，正独自沿着青山走向远方。

赏析

这是一首送别诗。前两句写灵澈上人欲回竹林寺的情景，后两句写诗人目送灵澈上人辞别归去的情景，表达了诗人对灵澈上人的深厚情谊，也表现了灵澈上人清寂的风度以及诗人虽然失意却闲适淡泊的情怀。

经典古诗

曹操：字孟德，东汉末年杰出的政治家、军事家、文学家、书法家。三国中曹魏政权的缔造者，其子曹丕称帝后，追尊为武皇帝，庙号太祖。曹操精兵法，善诗歌，抒发自己的政治抱负，并反映汉末人民的苦难生活，气魄雄伟，慷慨悲凉；散文亦清朗洒脱，开启并繁荣了建安文学，给后人留下了宝贵的精神财富，史称"建安风骨"。

57. 观沧海

曹操

东临碣石①，以观沧海。

水何澹澹，山岛竦峙。

树木丛生，百草丰茂。

秋风萧瑟，洪波涌起。

日月之行，若出其中；

星汉②灿烂，若出其里。

幸甚至哉，歌以咏志。

① 碣石：山名。

② 星汉：银河。

东行登上高高的碣石山，来观赏苍茫的大海。海水多么宽阔浩荡，海中山岛罗列，高耸挺立。周围树木葱茏，百草丰茂。萧瑟的风声传来，草木动摇，海中翻涌着巨大的海浪。太阳和月亮升起降落，好像是从这浩瀚的海洋中发出的。银河里的灿烂群星，也好像是从大海的怀抱里涌现出来的。啊，庆幸得很！就用诗歌来表达内心的志向吧。

赏析

这首诗不仅仅反映了海洋的形象，同时也赋予它性格。句句写景，又句句抒情。既表现了大海，也表现了诗人自己，抒发了自己志在一统天下的豪迈情怀。

58. 涉江采芙蓉①

佚名

涉江采芙蓉，兰泽多芳草。

采之欲遗②谁？所思在远道。

还顾望旧乡，长路漫浩浩。

同心而离居，忧伤以终老。

注释

① 芙蓉：荷花的别名。

② 遗：赠。

译文

我踏过江水去采荷花，生有兰草的水泽中长满了香草。可是我采了荷花要送给谁呢？我想要送给远方的爱人。回头看那一起生活过的故乡，路途显得那么无边无际。两心相爱却不能在一起，于是我们要各在一方，愁苦忧伤以至终老异乡。

赏析

"采之欲遗谁?所思在远道。"长长的吁叹,点明了诗中女子全部忧思的由来:当姑娘们采摘着荷花,声言要拣最好的一朵送给心上人时,女主人公思念的丈夫却远在天涯!她徒然采摘了象征美好的芙蓉,却难以赠送给心上人。全诗抒发了女主人公独自思夫的忧伤,更具有以"乐"衬"哀"的强烈效果。

陶渊明，字元亮，又名潜，号五柳先生，东晋末期南朝宋初期诗人、辞赋家、散文家。曾做过几年小官，后辞官回家，从此隐居，田园生活是陶渊明诗的主要题材。

59. 归园田居（其三）

陶渊明

种豆南山下，草盛豆苗稀。

晨兴理荒秽①，带月荷锄归。

道狭草木长，夕露沾我衣。

衣沾不足惜，但使愿无违。

① 荒秽：形容词作名词，指杂草。

我在南山下种植豆子，地里野草茂盛豆苗稀疏。清晨早起下地铲除杂草，夜幕降临，才扛着锄头披着月光回家。狭窄的山径草木

丛生，夜露沾湿了我的衣衫。衣衫被沾湿并不可惜，只希望不违背我归耕田园的心意。

赏析

本诗生动地描写了诗人归隐后的生活和感受，抒发了作者的愉快心情，从而表现了他对田园生活的热爱，表现出劳动者的喜悦。

60. 饮酒（其五）

陶渊明

结庐①在人境，而无车马喧。

问君何能尔②？心远地自偏。

采菊东篱下，悠然见南山。

山气日夕佳，飞鸟相与还。

此中有真意，欲辨已忘言。

注释

① 结庐：构筑房舍。
② 何能尔：为什么能这样。

译文

将房屋建造在人来人往的地方，却不会受到世俗交往的喧扰。问我为什么能这样，只要心志高远，自然就会觉得所处地方僻静了。在东篱之下采摘菊花，悠然间，那远处的南山映入眼帘。傍晚时分，南山景致甚佳，雾气峰间缭绕，飞鸟结伴而还。这里面蕴含着人生的真正意义，想要辨识，却不知怎样表达。

赏析

这首诗着重描绘了诗人摆脱世俗烦恼后的感受。借南山的美好晚景，烘托诗人从中获得的无限乐趣，表现了诗人热爱田园生活的真情和高洁人格。

刘桢：东汉诗人，"建安七子"之一，字公干，山东东平人。他的文学成就主要为诗歌，特别是五言诗创作方面，在当时负有盛名，后人以其与曹植并举，称为"曹刘"。刘桢的诗语言质朴，言简意明，平易通俗，长于比喻。

61. 赠从弟（其二）

刘桢

亭亭山上松，瑟瑟谷中风。

风声一何盛，松枝一何劲！

冰霜正惨凄，终岁常端正。

岂不罹凝寒①，松柏有本性！

① 罹凝寒：遭受严寒。罹：遭受。

高山上挺拔耸立的松树，顶着山谷间瑟瑟呼啸的狂风。风声是

如此的猛烈，而松枝是如此的刚劲！任它漫天冰霜惨惨凄凄，松树的腰杆终年端端正正。难道是松树没有遭受严寒？不，是松柏天生有着耐寒的本性！

赏析

这首诗名为《赠从弟》，但无一语道及兄弟情谊，我们读来却颇觉情深义重。这是因为诗人运用了象征手法，用松树象征自己的志趣、情操和希望。

朱熹：字元晦，又称紫阳先生、考亭先生。南宋著名的理学家、思想家、哲学家、教育家、诗人，闽学派的代表人物，世称朱子，是杰出的弘扬儒学的大师。

62. 观书有感

朱熹

半亩方塘^①一鉴开，

天光云影共徘徊。

问渠那得清如许？

为有源头活水^②来。

① 方塘：又称半亩塘，在福建尤溪城南郑义斋馆舍（后为南溪书院）内。

② 源头活水：比喻知识是不断更新和发展的，从而不断积累。

译文

半亩大的方形池塘像一面镜子一样打开,清澈明净,天空的光彩、浮云的影子都在镜子中一起移动。要问池塘里的水为何这样清澈呢?是因为有永不枯竭的源头源源不断地为它输送活水。

赏析

这是一首南宋时期极其有艺术哲理性的小诗。我们在品味书法作品时,时常有一种神采飞扬的艺术感觉,诗中就是以象征的手法,将这种内心感觉化作可以感触的具体形象加以描绘,让读者去领略其中的奥妙。

诗的寓意很深,书法艺术的灵感就像源头活水那般,是书法艺术作品真正的不竭源泉,阐明了作者独特的读书感受,很符合书法艺术创作的特色,也反映了一般艺术创作的本质。

陆游：字务观，号放翁。汉族，越州山阴（今浙江绍兴）人，南宋著名诗人。少时受家庭爱国思想熏陶，高宗时应礼部试，为秦桧所黜。孝宗时赐进士出身。中年入蜀，投身军旅生活，官至宝章阁待制。晚年退居家乡。创作诗歌今存九千多首，内容极为丰富。

63. 游山西村

陆游

莫笑农家腊酒浑，丰年留客足鸡豚。

山重水复疑无路，柳暗花明又一村。

箫鼓追随春社①近，衣冠简朴古风存。

从今若许闲乘月，拄杖无时夜叩门。

注释

① 春社：古代把立春后第五个戊日作为春社日，拜祭社公（土地神）和五谷神，祈求丰收。

 **译文**

　　不要笑农家腊月里酿的酒浑浊不醇厚,丰收的年景农家待客菜肴非常丰盛。山峦重叠水流曲折正担心无路可走,忽然柳绿花艳间又出现一个山村。吹着箫打起鼓,春社的日子已经接近,布衣素冠,淳朴的古代风俗依旧保留。今后如果还能趁着大好月色出外闲游,我一定拄着拐杖随时来敲你的家门。

赏析

　　这首诗生动地描画出一幅色彩明丽的农村风光,表达了作者对淳朴的农村生活习俗充满着喜悦、挚爱的感情。

苏轼：北宋文学家、书画家。字子瞻，号东坡居士。一生仕途坎坷，学识渊博，天资极高，诗文书画皆精。其文汪洋恣肆，明白畅达，与欧阳修并称"欧苏"，为"唐宋八大家"之一；诗清新豪健，善用夸张、比喻，艺术表现独具风格，与黄庭坚并称"苏黄"；词开豪放一派，对后世有巨大影响，与辛弃疾并称"苏辛"；书法擅长行书、楷书，能自创新意，与黄庭坚、米芾、蔡襄并称"宋四家"。

64. 饮湖上初晴后雨（其二）

苏轼

水光潋滟①晴方好，

山色空濛雨亦奇。

欲把西湖比西子②，

淡妆浓抹总相宜。

① 潋滟：波光闪动的样子。

② 西子：西施，春秋时代越国有名的美女。

译文

在晴日阳光照耀下,西湖水波荡漾,光彩熠熠,美极了;在阴雨的天气里,山峦在细雨中一片迷蒙,也显得非常奇妙。如果把美丽的西湖比作美人西施,那么淡妆浓抹都显得十分自然。

赏析

这是一首赞美西湖美景的诗。诗人通过不同天气下的湖山胜景,表现了洒脱的性格、开阔的胸怀。

王安石：字介甫，号半山，谥文，封荆国公，世人又称王荆公。北宋著名政治家、思想家、文学家、改革家，"唐宋八大家"之一。

65. 登飞来峰①

王安石

飞来山上千寻②塔，

闻说鸡鸣见日升。

不畏浮云遮望眼，

自缘身在最高层。

注释

① 飞来峰：即浙江绍兴城外的宝林山，唐宋时其上有应天塔。古代传说此山是从琅琊郡东武县飞来的。

② 寻：古时长度单位，八尺（一说七尺）为一寻。

译文

听说在飞来峰极高的塔上，鸡鸣时分可看到旭日初升。不怕浮云会遮住我的视线，只因为如今我身在最高层。

赏析

这首诗与一般的登高诗不同,这首诗没有过多地写眼前之景,只写了塔高,重点是写自己登临高处的感受,寄寓"站得高才能望得远"的哲理。这与王之涣诗"欲穷千里目,更上一层楼"相似。前者表现一个政治变革家拨云见日、高瞻远瞩的思想境界和豪迈气概,后者表现要想取得更好的成绩,需要更加努力地互勉或自励之意。

文天祥：字履善，又字宋瑞，自号文山，浮休道人。南宋末大臣，文学家，民族英雄。坚持抗元多年，后在柴市从容就义。

66. 过零丁洋

文天祥

辛苦遭逢起一经①，干戈寥落四周星。

山河破碎风飘絮，身世浮沉雨打萍。

惶恐滩头说惶恐，零丁洋里叹零丁。

人生自古谁无死？留取丹心照汗青②。

① 遭逢起一经：自己因为熟读经书，通过科举考试，被朝廷选拔入仕做官。

② 汗青：古代在竹简上写字，先用火烤干其中的水分，干后易写而且不受虫蛀。因竹片水分蒸发如汗，故称书简为汗青。这里特指史册。

译文

回想我早年由科举入仕历尽千辛万苦,从率领义军抗击元兵以来,经历了整整四年的困苦岁月。国家危在旦夕似那狂风中的柳絮,自己一生的坎坷如雨中浮萍漂泊无根,时起时沉。惶恐滩的惨败让我至今依然惶恐,可叹我零丁洋里身陷元虏自此孤苦无依。自古以来,人终不免一死!倘若能为国尽忠,死后仍可光照千秋,青史留名。

赏析

这首诗以磅礴的气势、高亢的诗风,表现出文天祥的民族气节和舍生取义的生死观。文天祥把作诗与做人、诗格与人格浑然一体,激励和感召古往今来无数志士仁人为正义事业英勇献身。

杨万里：字廷秀，号诚斋。南宋杰出诗人，与尤袤、范成大、陆游合称南宋"中兴四大诗人""南宋四大家"。

67. 过松源晨炊漆公店

杨万里

莫言①下岭便无难，

赚得行人空喜欢②。

正入万山圈子里，

一山放过一山拦。

① 莫言：不要说。
② 空喜欢：白白地欢喜。

不要说从山岭上下来就没有困难，这句话骗得前来爬山的人白白地欢喜一场。进入到崇山峻岭的圈子里以后，你刚攀过一座山，另一座山立刻将你阻拦。

赏析

本诗朴实平易、生动形象、表现力强,一个"空"字突出表现了"行人"被"赚"后的失落神态。"放""拦"等词语的运用,赋予"万山"人的思想、人的性格,使万山活了起来。诗人借助景物描写和生动形象的比喻,通过写山区行路的感受,说明一个具有普遍意义的深刻道理:人们无论做什么事,都要对前进道路上的困难做好充分的估计,不要被一时的成功所陶醉。

赵师秀：字紫芝，号灵秀，亦称灵芝，又号天乐。永嘉（今浙江温州）人。南宋诗人。

68. 约客

赵师秀

黄梅时节①家家雨，

青草池塘处处蛙。

有约不来过夜半，

闲敲棋子落灯花②。

① 黄梅时节：夏初江南梅子黄熟的时节。

② 落灯花：旧时以油灯照明，灯芯烧残，落下来时好像一朵闪亮的小花。

梅子黄时，家家都被笼罩在雨中，长满青草的池塘边上，传来

阵阵蛙声。时间已过午夜，已约请好的客人还没有来，我无聊地轻轻敲着棋子，震落了点油灯时灯芯结出的疙瘩。

赏析

这首诗一个明显的特点是对比手法的运用。前两句写户外的"家家雨""处处蛙"，处处描绘出灵动的声色。后两句写户内油灯将尽、闲敲棋子、寂静无聊，恰与前文构成鲜明对照，通过这种对照，更深地表现了诗人落寞失望的情怀。

夏完淳,字存古,号小隐、灵首,明末著名诗人,少年抗清英雄,民族英雄。7岁能诗文,14岁随父抗清。父殉后,他和陈子龙继续抗清,兵败被俘,不屈而死,年仅17岁。

69. 别云间

夏完淳

三年羁旅①客,今日又南冠。

无限山河泪,谁言天地宽。

已知泉路近,欲别故乡难。

毅魄归来日,灵旗②空际看。

① 羁旅:寄居他乡,生活漂泊不定。

② 灵旗:又叫魂幡,古代招引亡魂的旗子。这里指后继者的队伍。

译文

三年为抗清兵寄居他乡，生活漂泊不定，今天兵败被俘作囚入牢房。无限美好河山破碎，感伤的泪水流不断，谁还敢说天庭宽阔地又广。已经知道黄泉之路相逼近，想到永别故乡实在心犯难。等到我魂魄归来的那一天，定要在空中看后继者的队伍抵抗清军。

赏析

这首诀别故乡之作，表达的不是对生命苦短的感慨，而是对山河沦丧的极度悲愤，对家乡亲人的无限依恋和对抗清斗争的坚定信念。全诗思路流畅清晰，感情跌宕豪壮。

赵翼：清代文学家、史学家。字云崧，号瓯北，又号裘萼，晚号三半老人。论诗主独创，反模拟。有些诗作隐喻对时政的不满之情，与袁枚、张问陶并称"清代性灵派三大家"。

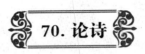 论诗

赵翼

李杜①诗篇万口传，

至今已觉不新鲜。

江山代有才人出，

各领风骚②数百年。

① 李杜：指李白和杜甫。

② 风骚：指《诗经》中的"国风"和屈原的《离骚》。后来把关于诗文写作的事叫"风骚"。这里指在文学上有成就的"才人"的崇高地位和深远影响。

中华传统文化经典读本（中学版）

译文

　　李白和杜甫的诗篇曾经被成千上万的人传颂，现在读起来感觉已经没有什么新意了。国家代代都有很多有才情的人，他们的诗篇文章都会流芳百世。

赏析

　　诗中先指出即使是李白、杜甫这样伟大的诗人，他们的诗篇也有历史局限性。后来诗人又呼唤起创新意识，希望诗歌写作要有时代精神和个性特点，大胆创新，反对沿袭守旧。

　　世人常常用这首诗来赞美人才辈出，或表示一代新人替换旧人，或新一代的崛起，就如滚滚长江，无法阻拦。

经典古诗

龚自珍：清代思想家、文学家及改良主义的先驱者。27岁中举人，38岁中进士。主张革除弊政，抵制外来侵略，曾全力禁除鸦片。他的诗文主张"更法""改图"，揭露清统治者的腐朽，洋溢着爱国热情。

71. 己亥杂诗（其五）

龚自珍

浩荡离愁①白日斜，

吟鞭东指即天涯。

落红②不是无情物，

化作春泥更护花。

注释

① 浩荡离愁：离别京都的愁思浩如水波，也指作者心潮不平。

② 落红：落花。花朵以红色者为尊贵，因此落花又称为落红。

译文

离别京都的愁思浩如水波,向着日落西斜的远处延伸,马鞭向东一挥,感觉就像人在天涯一般。从枝头上掉下来的落花不是无情之物,即使化作春泥,也甘愿培育美丽的春花成长。

赏析

道光十九年(1839),也就是鸦片战争的前一年,龚自珍对清朝统治者大失所望,毅然决然辞官南归,回归故里,后又北上迎取眷属。在南北往返途中,他有所思,有所感,就用鸡毛写在账簿纸上,投入一个竹筐里。后来"得纸团三百十五枚,盖作三百十五首也",写就巨型组诗。这就是著名的《己亥杂诗》——那一年是己亥年。本诗为《己亥杂诗》的第五篇。作者当时愤然辞官,离别亲朋好友,愁肠百结。这首诗写诗人离京的感受,虽然载着"浩荡离愁",却表示仍然要为国为民尽自己最后一份心力。

袁枚,清代诗人、散文家。字子才,号简斋,晚年自号仓山居士、随园主人、随园老人。钱塘(今浙江杭州)人。乾隆四年进士,历任溧水、江宁等县知县,有政绩,四十岁即告归。在江宁小仓山下筑随园,吟咏其中。袁枚是乾嘉时期代表诗人之一,与赵翼、蒋士铨合称"乾隆三大家"。

72. 所见

袁枚

牧童骑黄牛,

歌声振①林樾②。

意欲捕鸣蝉,

忽然闭口立。

注释

① 振:振荡,回荡。说明牧童的歌声嘹亮。

② 林樾:道旁成荫的树。

译文

牧童骑在黄牛背上,嘹亮的歌声在树林里回荡。忽然想要捕捉树上鸣叫的知了,于是马上停止唱歌,静悄悄地站立在树旁。

赏析

袁枚热爱生活,辞官后侨居江宁。其主张抒写真性情,所写多为士大夫的闲情逸致。这首诗通过对自然环境和社会生活的描写,直接抒发对生活的感受,看似闲情逸致,实则寄托情感,诗所描绘、所刻画的正是诗人毕生追求的境界,也正是他所强调的"真性情"。

73. 独秀峰①

袁枚

来龙去脉②绝无有,突然一峰插南斗③。

桂林山水奇八九,独秀峰尤冠其首。

三百六级登其巅,一城烟水来眼前。

青山尚且直如弦,人生孤立何伤④焉?

注释

① 独秀峰:位于桂林市中心,因孤独一峰,周边无其他山峰相对,故称独秀峰。

② 来龙去脉:旧时堪舆以山势为龙,以山势起伏连绵为龙脉。

③ 南斗:星宿名,在南天。

④ 伤:妨碍。

译文

全然找不到来龙去脉,只见一座高峰突然出现,高可入云,直插南斗星。桂林山水本来就十有八九奇绝卓异，而独秀峰更是首屈一指。几百级阶梯拾级而上才到达它的巅峰，尽览全城风光，但见轻雾迷漫，碧波荡漾。青山尚且可以矗立如琴弦，即使是孤立无援的人生，又有什么大碍！

赏析

诗人以"来龙去脉绝无有，突然一峰插南斗"这种突兀的笔触开篇，用夸张的语言，逼真地写出诗人与独秀峰不期而遇时的感受，也生动地表现出独秀峰孤峰横插、直冲云霄的不凡气势。同时，还由孤立的山联想到孤立的人生，发出人生何必感伤的感叹，表达了一种积极、乐观、向上的情怀。

张维屏,字子树,号南山,又号松心子,晚号珠海老渔,广东番禺(今广东省广州市)人。嘉庆九年中举人,后中进士,因厌倦官场辞官归里,隐居听松园,闭户著述。曾作长诗等讴歌抗英,是爱国诗人。张维屏认为"诗固出于性情",写诗当如造物之自然。他的诗以明白晓畅的语言写真情实景,于白描笔墨中又时见含蓄凝炼。

74. 新雷

张维屏

造物无言却有情,

每于①寒尽觉春生。

千红万紫②安排著③,

只待新雷④第一声。

注释

① 每于:常常在。

② 千红万紫:春天时百花齐放的局面。

③ 著:妥当,明显。

④ 新雷:春天的第一个雷声。这里象征着春天很快来临。

译文

大自然虽然默默无言但却有情,每当寒冬将尽,便促使春意萌生。大自然早已安排好了万紫千红,只等春雷一响,百花就将竞相开放。

赏析

这首诗写诗人呼唤春天,是自然界的春天,也是社会的春天。出于当时社会的黑暗落后,诗人希望改变这种现状。诗人借新雷的描写,渴望和坚信社会变革的到来。诗的构思巧妙,风格激昂向上,语句清新,寓意深刻。读着它,仿佛感受到诗人激动的脉搏,不由产生奋发的力量。